AF452864

C. KLARY.

LA PHOTOGRAPHIE DU NU

> « La plus noble étude est celle du
> « corps humain, en la splendeur éternelle
> « de ses formes nues, c'est l'étude la
> « plus haute qu'un artiste puisse tenter. »
>
> ARMAND SYLVESTRE.

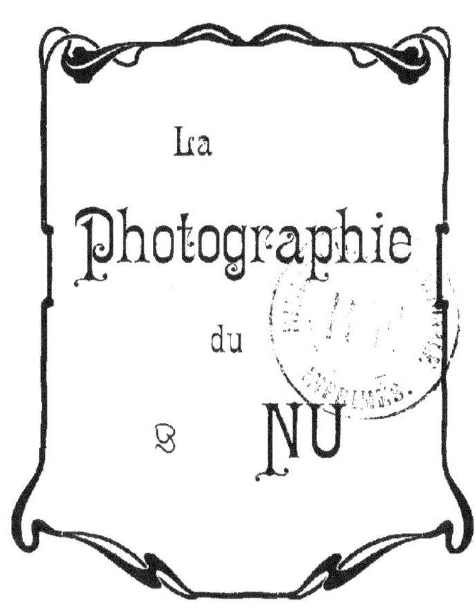

PAR

C. KLARY

AVEC LA COLLABORATION

D'ECRIVAINS FRANÇAIS ET ETRANGERS

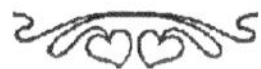

— PRÉFACE

DE

Jane de la Vaudère

*La plus noble étude est celle du corps humain,
en la splendeur éternelle de ses formes nues,
c'est l'étude la plus haute qu'un artiste puisse
tenter.*

Armand SYLVESTRE.

C. KLARY, Editeur

13, Rue Taitbout, PARIS

1902

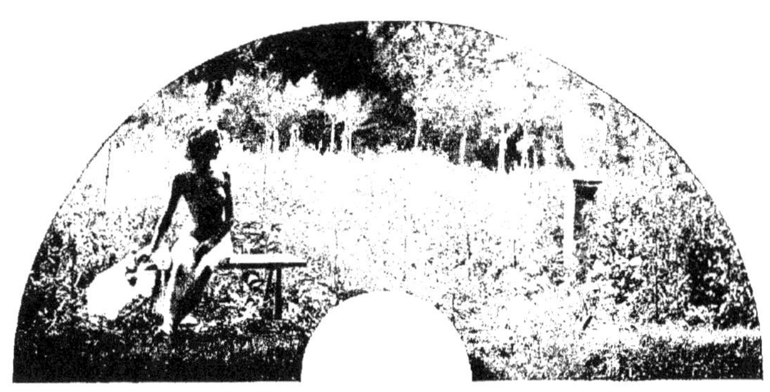

"PROJET D'ÉVENTAIL"

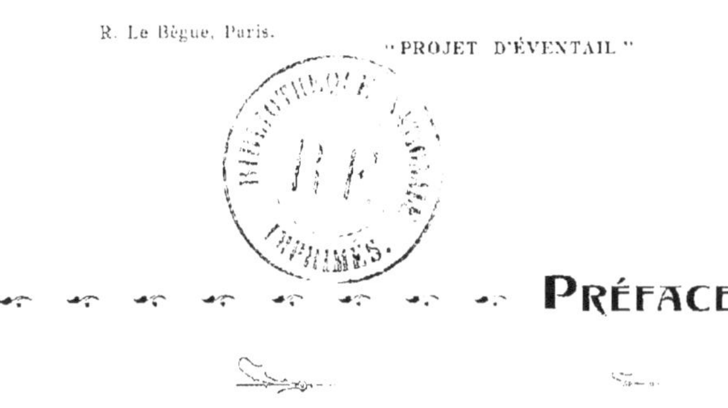

PRÉFACE

Tout est dans la nature ; il suffit de regarder attentivement autour de soi pour se rendre compte que l'homme n'a jamais fait qu'imiter, que le don de création lui est absolument refusé. Les fleurs, les plus savamment peintes, ne sauraient rendre la finesse d'une étamine, la nervure déliée d'une foliole, la pulpe délicate, abondante et diverse, d'un grain de muscat ; aucune palette ne pourrait reproduire la transparence ondoyante et fugitive du ciel et des flots !... Ce qui nous entoure est d'un incomparable fini dans l'infini, et toute l'ambition des artistes devrait se borner à « faire vrai. »

Il y a eu, dans ces derniers temps, une levée de boucliers contre la photographie, que l'on accuse d'être un art inférieur, parce que trop exact. Or, cette exactitude est, selon moi, une nécessité et une force. La photographie est à la peinture ce que le théâtre est au roman. Il y a de grands auteurs dramatiques comme il y a de grands romanciers, et jamais l'idée n'est venue à personne de rabaisser les premiers au profit des seconds. Les uns font voir ce que les autres laissent parfois dans les brumes du songe, et tous viennent à leur heure pour nous charmer.

La photographie, au service d'un tempérament d'artiste, peut donner des résultats superbes. Avant de se livrer aux fantaisies de leur imagination, les poètes et les peintres devraient s'imprégner de la beauté des choses, et en fixer l'éphémère impression au moyen des merveilleux appareils que nous possédons aujourd'hui. Si la mémoire est indécise, si la vision ne se reproduit plus dans la chambre noire de la pensée, les images suggestives de nos maîtres photographes sont là pour aider le souvenir, suppléer à l'inspiration défaillante.

La photographie, c'est la Nature même ; or, la Nature est l'initiatrice de tous les chefs-d'œuvre, le génie suprême, qui seul sait créer et renouveler éternellement. Saisir la Nature dans ses manifestations les plus pures, les plus hautes, est le comble de l'art, puisque l'art ne saurait s'inspirer de lui-même !

3

Il faut donc, dans l'intérêt du beau, choisir les formes impeccables, les grouper, les mettre en lumière, les immortaliser et, en cela, le photographe peut égaler les peintres les plus fameux, s'il a vraiment le sens de l'harmonie dans les attitudes et les couleurs.

M. C. Klary nous offre des photographies qui ne sont pas des tableaux longuement élaborés, des visions morbides fixées dans une fièvre de désir pour l'insaisissable perfection humaine, mais des scènes vivantes, où le frisson de la parole et du geste anime encore les modèles. Ceux-ci ne se sont pas figés en des poses compliquées ou pénibles ; ils rient, causent, s'abandonnent, et leurs attitudes sont toujours heureuses.

On comprend presque le mot qui vient d'expirer sur les lèvres entr'ouvertes, la signification du regard, brusquement fixé dans sa lumineuse caresse ; nous ne sommes plus dans un musée de figures de cire, mais au cœur même de la Nature, palpitante et généreuse !...

Il faut louer M. C. Klary, artiste éminent et consciencieux, d'avoir su réunir en ce volume tant d'œuvres exquises, où l'idéal du Rêve se mêle à la saveur ardente de la vie !

JANE DE LA VAUDÈRE.

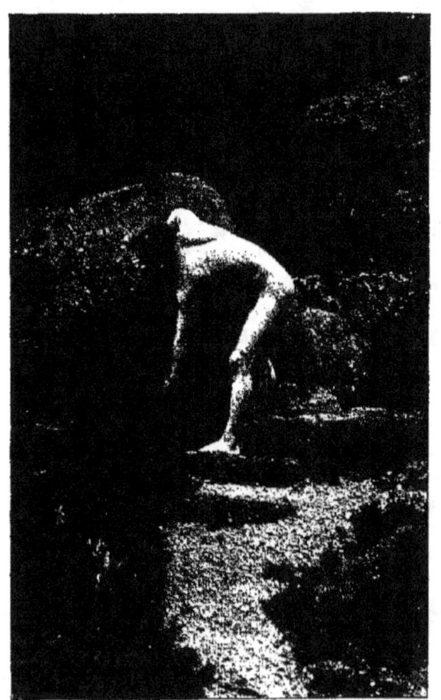

Léon Sneyers,
Bruxelles.

" L'EFFORT "

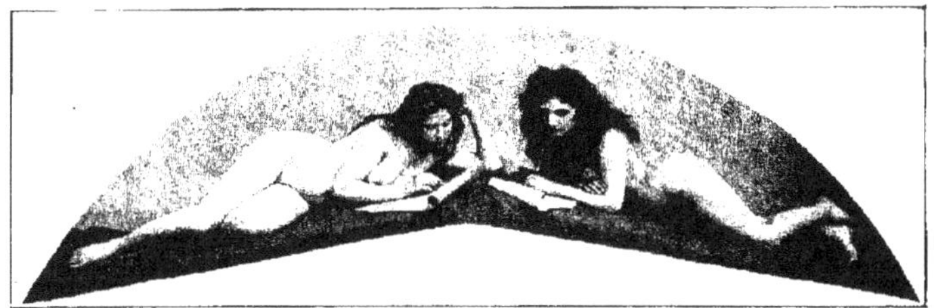

Prof. V. Jan, Strasbourg.

En éditant *"LA PHOTOGRAPHIE DU NU"* mon but a été de présenter à mes lecteurs, sous une forme convenable, les reproductions d'œuvres des principaux artistes qui, dans tous les pays, ont excellé en ce genre.

J'estime aussi qu'il est préférable de les publier affranchies de tous commentaires ou de critiques, en laissant chacun libre de former son opinion par l'étude même de ces œuvres si différentes et c'est ici le premier essai de groupement d'une collection choisie et importante de travaux de nu en Photographie.

Je souhaite donc que cette tentative intéresse tous ceux qui aiment la Photographie pictoriale.

Ma tâche aura, d'ailleurs, été rendue plus facile par le dévouement de mes collaborateurs, MM. GLEESON, WHITE, Prof. GUSTAV FRITSCH, GABRIELY et WILL. A. CADBY, par le concours de MM. SNOWDEN WARD, Éditeur du *" Photogram "* de Londres et HARRY QUILTER, Éditeur du *" Photographic Art Journal "* de Leicester.

Que chacun d'eux veuille bien recevoir mes meilleurs remerciements.

Je ne dois pas oublier non plus les courageux et vaillants artistes qui m'ont libéralement permis de reproduire leurs œuvres, leur étant extrêmement reconnaissant de la sympathie qu'ils m'ont témoignée.

C. KLARY.

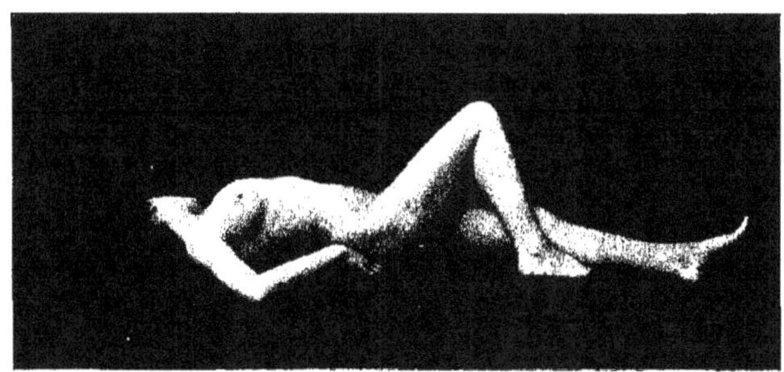

E. Materne, Bruxelles.

Les Représentations Photographiques du Nu

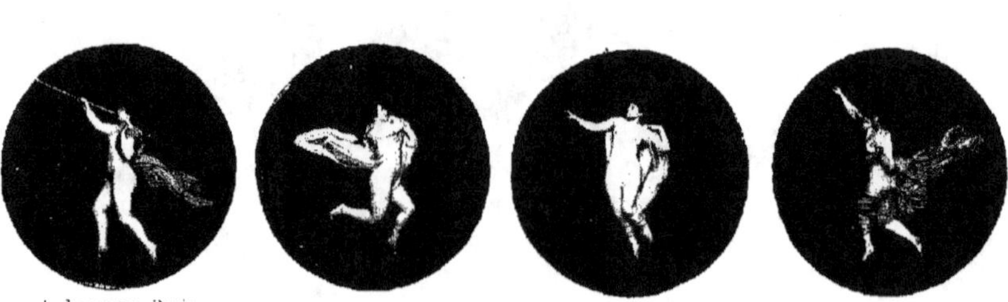

A. Lemoine, Paris.

Tout en rendant hommage à l'honnêteté de certaines personnes qui proclament leur répugnance pour les représentations du nu dans les arts, je crois que leur opinion n'est pas justifiée. On ne peut pas non plus admettre que leurs arguments soient complètement renfermés dans une question de morale.

Dans l'étude que nous entreprenons, il serait superflu d'invoquer le privilège accordé plus ou moins aux artistes chez tous les peuples civilisés, et d'insister sur ce principe que l'étude du modèle vivant est reconnue de la plus haute importance. On peut donc discuter librement ce sujet, sans s'occuper des préjugés ou de l'ignorance de ceux qui professent une opinion contraire.

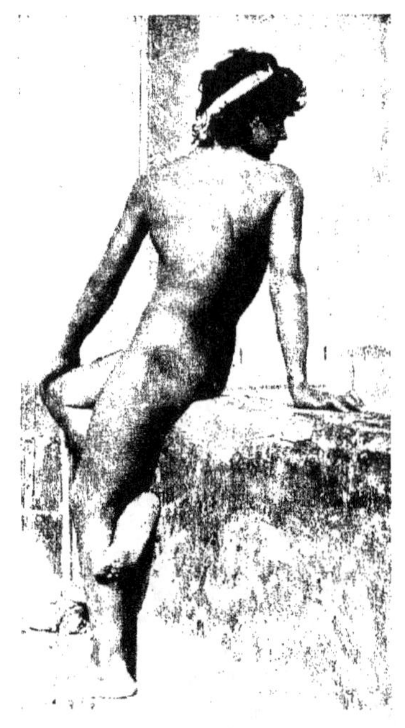

G. Plüschow, phot., Rome.

Il ne faut cependant pas manquer de courtoisie vis-à-vis d'honnêtes adversaires ni choquer inutilement les convenances d'un grand nombre de personnes. Sans admettre leur droit d'être offensés, nous croyons qu'il est utile de présenter ici un certain nombre de sujets parfaitement innocents en eux-mêmes, bien qu'ils puissent soulever les objections de critiques aux vues plus rigides que les nôtres.

Nous n'avons pas cru devoir supprimer complètement de nos illustrations les représentations de toutes les filles d'Ève vêtues seulement de la toilette première de leur mère, ainsi que beaucoup d'autres études charmantes de nu obtenues d'après des modèles professionnels dans l'atelier ou en plein air et quelques très belles photographies de modèles Italiens, en insistant pour qu'elles soient toutes observées avec une grande attention.

RUSKIN, dans son ouvrage : *Modern Painters*, nous fait remarquer : Que dans les climats où les corps peuvent être découverts et frappés par le soleil, le nu est considéré d'une façon plus élevée et plus pure, il ne doit éveiller aucune idée basse. De cette exposition à la lumière les corps reçoivent une fermeté due au soleil, tout à fait différente, de la douceur délicate des corps des nations du Nord où ceux-ci apparaissent accidentellement sans vêtements.

Il n'est donc pas surprenant que les photographies de modèles Italiens aient été présentées dans nos expositions et reproduites dans nos revues, alors que des modèles professionnels Anglais ou Français ont été considérés par trop techniques pour des exhibitions publiques. Ceci admis, nous devons accepter la position franchement et ne pas, à l'exemple de Pope de plaisante mémoire, ou des directeurs de plusieurs musées Américains, ou même de certains éditeurs de revues, essayer de résoudre le problème au moyen de draperies, de feuilles de vigne ou autres concessions faites à la pruderie.

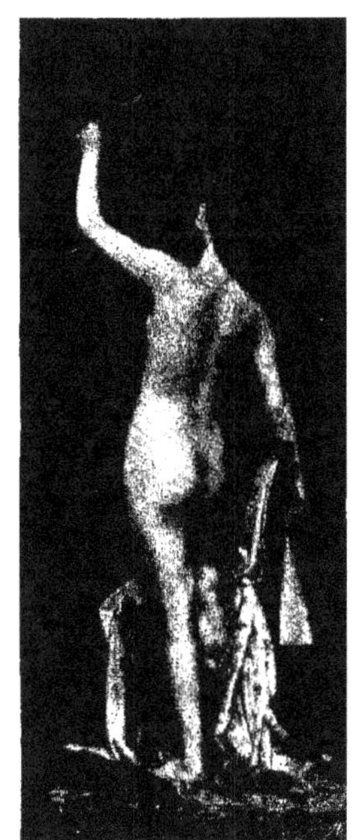

Hugo Erfurth, phot., Dresde.

Les peintres considèrent l'étude des modèles nus comme faisant partie de leurs travaux, ils n'ont aucun scrupule de conscience dans cette occupation légitime. Mais on n'a pas encore accordé pareille liberté au nouvel art de la photographie, il est donc probable que pour certains de mes lecteurs la détermination de présenter de propos délibéré une série d'épreuves photographiques de nu sera considérée comme une indécence.

Tout d'abord une autre question se présente, à quel but utile doivent servir les études de nu ? En dehors des personnes qui ne sont pas des artistes (avec le pinceau, le crayon ou la chambre noire) qui pensent que la beauté la plus élevée doit être trouvée dans le corps humain parfaitement proportionné, il est un grand nombre de dessinateurs qui ne peuvent étudier le nu d'après nature et qui trouvent des documents extrêmement utiles dans de bonnes photographies. A ceux-là il faut ajouter les artistes qui après avoir posé leurs modèles, trouvent d'une valeur inestimable de pouvoir conserver un souvenir de la pose, avec les lumières et les ombres, leur relation avec les objets environnants, la première attitude naturelle, tout enfin noté de la façon la plus exacte pour y revenir plus tard. Ceci n'a pas besoin d'être discuté, surtout par ceux qui savent combien il est difficile de reprendre un grand nombre de fois, une pose adoptée spontanément, sans lui communiquer un caractère stéréotypé.

Nous demandons que le droit de pouvoir étudier le modèle au point de vue esthétique, depuis longtemps tacitement accordé aux peintres, soit aussi concédé à l'artiste photographe.

Mais aucun de ces arguments ne peut lutter contre cette tradition puritaine que le corps est vil et que son étude est dangereuse pour la morale. A ceux qui pensent ainsi, nous demanderons une tolérance égale et d'admettre que la conscience peut en décider différemment suivant les tempéraments divers.

A titre d'indication, pour les futurs adeptes de la représentation du nu, il est évident que le sujet qui nous occupe doit être divisé en deux catégories bien distinctes : les photographies de nu exécutées en plein air et celles qui sont obtenues à l'intérieur.

La première catégorie est incontestablement la meilleure et la plus populaire, mais des raisons climatériques, la difficulté de trouver la solitude nécessaire dans les endroits populeux et la rareté des modèles non professionnels, rend la seconde plus facile pour ceux dont le temps et les ressources sont limités pour leurs expériences.

Pour les photographies exécutées à l'intérieur, on emploie la pose ou l'instantané. Sans discuter les difficultés techniques de l'éclairage naturel ou de ses équivalents, qui ne diffèrent pas beaucoup en réalité de celles qu'on rencontre dans le travail des portraits, il est cependant possible d'indiquer la nature des choses les plus utiles dans chaque catégorie.

Le choix d'un bon modèle est le premier obstacle. Les peintres possèdent des listes pour en faire un choix et, de plus, ils ont un va-et-vient de solliciteurs de tous âges et de tous genres. Le photographe est loin d'être sur un pied égal et, dans bien des cas, c'est une

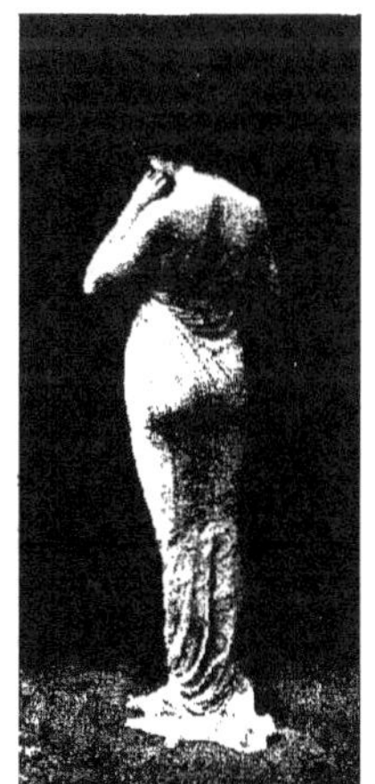

E. Materne, Bruxelles.

" ETUDE "

grande difficulté d'obtenir de bons résultats avec la chambre noire, même avec des modèles professionnels. Soit que cela provienne de la crainte que les épreuves multipliées ne deviennent l'objet d'une formidable concurrence, soit que le portrait non idéalisé ne soit pas de leur goût, il suffit simplement de reconnaître que ce sentiment existe.

Parmi les modèles amateurs, il est évident que le sexe féminin est le plus souvent éliminé, par convention sociale et le plus enthousiaste amant de la nature ne pourra désirer qu'il en soit autrement. Il est aussi à remarquer, que c'est parmi les basses classes (et je n'emploie pas ce terme dans un sens méprisant, mais simplement comme une expression malheureusement couramment usitée) que nous trouvons la répulsion la plus enracinée.

La très curieuse fausse modestie qui taxe la nudité de péché, n'est nulle part plus fortement répandue que parmi ceux qui donnent le moins de preuves de délicatesse de sentiments.

Les athlètes et les maîtres de gymnastique ont des idées plus larges. En général avec eux, il est possible d'obtenir des modèles aux formes développées par les sports virils.

Néanmoins, il est évident que les modèles professionnels doivent être considérés comme les seuls vrais. Leur grand défaut est leur déplorable tendance à la pose. Entraînés par l'habitude à prendre certaines attitudes particulières, ils y retombent avec une raideur particulièrement peu gracieuse. On peut penser que des instantanés très rapides peuvent être obtenus du plus incorrigible poseur, mais, dans les cas ordinaires, la pose dite *académique* se trahira sûrement.

Dans certaines circonstances on a déjà essayé d'imiter l'attitude d'une statue célèbre, d'après le modèle vivant. Une des photographies de Sandow, si j'ai bonne mémoire était, sans contredit, l'imitation d'une statue antique.

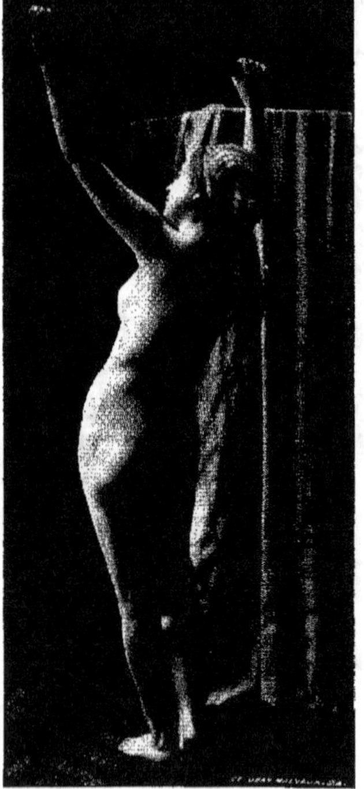

Otto Schmidt, Vienne.

L'arrangement d'une série complète de statues célèbres et de modèles exactement dans la même pose -- vaudrait la peine d'être tenté. Il en résulterait certainement un enseignement très utile. Cela donnerait de la force à une vérité trop souvent ignorée aujourd'hui, en présentant la réalité toute nue et la nature idéale, qui est l'art classique.

Pour donner de la valeur à une comparaison de ce genre, il conviendrait de monter côte à côte de bonnes photographies de statues à la même échelle, et avec le même éclairage celles du modèle vivant.

Les sujets sautant en l'air et les attitudes variées de mouvements momentanément arrêtés, peuvent être saisis par l'appareil photographique et avoir une certaine valeur comme études de mouvements divers, mais appréciables seulement pour l'œil exercé d'un artiste.

Il convient donc d'insister sur les services que la chambre noire peut rendre à l'art dans cet ordre d'idée. Si on admet qu'un dictionnaire de rimes sert la cause de la poésie, il est évident qu'une série de photographies de nu perfectionnera dans son art un véritable artiste.

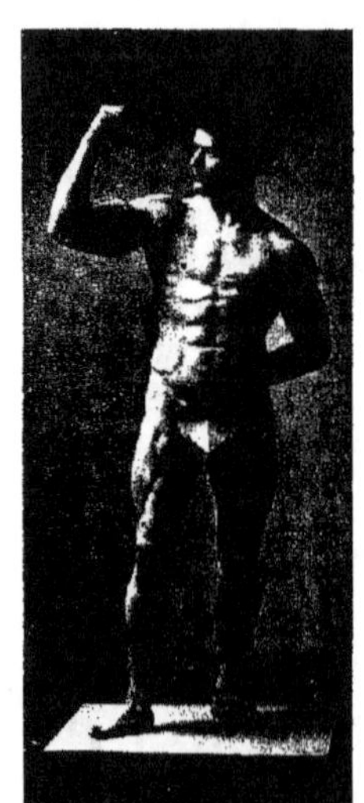

Van der Weyde, phot., Londres.

" SANDOW "

Je l'ai déjà dit, de semblables collections seraient très utiles et auraient une grande valeur pour les peintres. La meilleure mémoire fait souvent défaut et, avec le modèle sous les yeux, un artiste est parfois contraint d'en consulter d'autres, afin de se rendre compte si tel détail qui l'intéresse est personnel ou typique.

Pour ces travaux et pour ceux produits à l'intérieur, je conseille d'employer peu d'accessoires, des fonds unis de couleur claire et de simples tapis.

Le grand problème de l'aménagement de la lumière pour la photographie à l'intérieur peut être traité ici. L'éclairage d'atelier est un terme de reproche assez mérité. Certains ouvrages sur l'éclairage des portraits seront très utiles. Pour les premiers essais une figure couchée ou appuyée présentera moins de difficultés.

L'ensemble de la question n'est absolument que l'étude de l'art et pour ceux qui cherchent à être encouragés dans les représentations du nu en photographie, on peut opposer l'exemple des écoles du Gouvernement. Outre l'étude des figures on

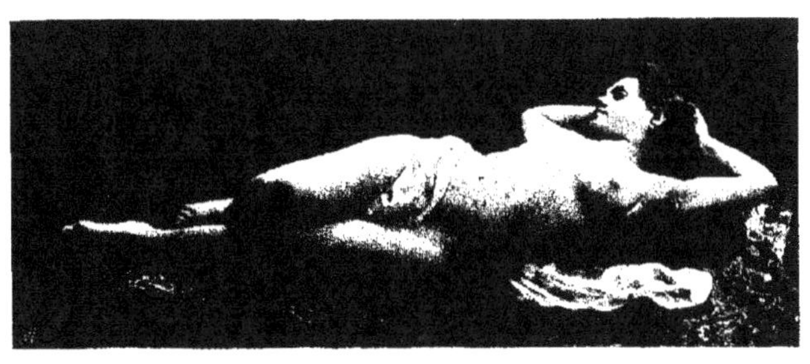

S. Recknagel, Munich.

y étudie tout ce qui est utile à l'art sans que cela soit le moins du monde une offense à la morale.

Nous pouvons parler ici, de l'emploi de la chambre noire dans les ateliers de beaucoup de peintres modernes. Les personnes qui sont en relations avec l'école des jeunes artistes, ont pu constater que la photographie leur a rendu de réels services pour l'exécution de leurs tableaux. L'usage de l'appareil photographique n'est pas limité aux études de nu, on l'utilise aussi, avec succès, pour des représentations de paysages, d'animaux, etc., etc. Les artistes qui n'exposent jamais de figures nues, se livrent souvent à des travaux préliminaires ; nous assurons que la photographie est, pour eux, un auxiliaire rapide et très précieux. Il est certain que la plupart des peintres, spécialement ceux qui s'adonnent aux compositions idéales ou poétiques, font leurs premiers croquis d'après le nu. Sir Frédéric LEIGHTON a souvent autorisé la reproduction de semblables études. Bien que lui-même, ainsi que beaucoup d'autres artistes célèbres, ne puissent être soupçonnés de se reposer sur l'aide de la photographie, il y a d'autres peintres qui l'emploient couramment d'une manière très honorable. Il faut comprendre ici que l'auxiliaire, auquel je fais allusion, ne remplace pas l'effort de l'artiste, mais rend sa tâche finale plus facile. Certains peintres qui emploient la chambre noire sont disposés à montrer les photographies de leurs modèles à leurs confrères, avec lesquels ils discutent les progrès de leurs tableaux.

On a parlé souvent de photographies projetées sur la toile à peindre au moyen de la lanterne magique et des lignes principales dessinées d'après cette projection. On a affirmé aussi que des photographies ont été peintes et exposées comme des tableaux originaux. Il est certain que les personnes qui se livrent à de semblables pratiques, ont le plus grand soin de ne pas faire connaître au public leur sympathie pour la photographie. Jamais dans leur atelier vous ne verrez une chambre noire, ni une seule épreuve. Honteux de leur *secret*, aucun de ces artistes ne voudrait que cela fût connu.

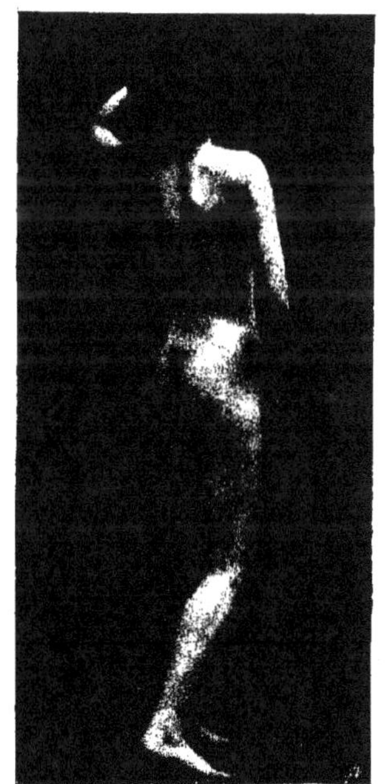

Ernest Marriage, South Woodford.

" ÉTUDE "

Mais les documents photographiques de nu — qu'ils représentent l'ensemble ou certaines parties du corps seulement — sont employés de différentes manières.

Ils sont spécialement intéressants et utiles dans les compositions contenant un grand nombre de personnages dans des poses variées. Pour dessiner une figure suffisamment, pour juger de son effet dans une composition, ce n'est pas un travail de quelques minutes. Une douzaine d'études, ou davantage, du même modèle, dans des attitudes peu variées ou sans grandes différences, telles qu'on peut les observer dans les séries d'études des vieux maîtres, non seulement aident le peintre, mais aussi exaltent la fraîcheur de ses idées.

Si l'artiste possède une chambre noire ou en appelle une à son aide, il pourra soigneusement comparer les résultats, il pourra même obtenir plusieurs épreuves de différents modèles, les dessiner en groupes jusqu'au moment où il aura trouvé l'effet qu'il recherche. Mais, s'il est un véritable artiste, la photographie deviendra pour lui un simple document. Délassé des études répétées qu'il aura faites, il pourra travailler d'après le modèle vivant, en étant certain que la pose qu'il fera prendre est celle qui convient le mieux, pour ce qu'il veut produire, d'après les essais préalables.

La chambre noire utilisée d'une façon mécanique pour étudier des poses et des compositions, ou même pour exécuter de belles études de nu, ne satisfait pas beaucoup les enthousiastes travailleurs qui désirent ardemment produire des effets artistiques.

On devra donc exécuter des photographies dans l'atelier, comme études de beaux membres, ou quand on pourra la rencontrer, la reproduction artistique de l'ensemble d'un modèle vivant parfaitement proportionné. Il convient d'expliquer clairement que de semblables études doivent être faites avec une habileté technique par les artistes, pour eux-mêmes ou pour le plaisir de leurs élèves, sinon pour le public, généralement peu capable d'apprécier leurs réelles beautés, et toujours par trop disposé à être intéressé dans la contemplation du nu par des motifs étrangers à l'art lui-même.

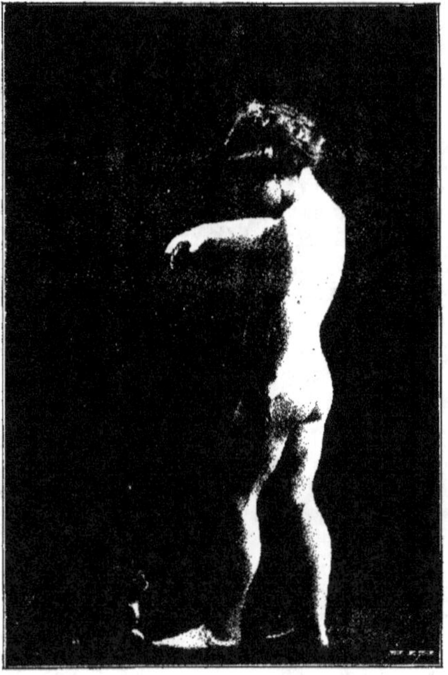

John Williams, phot., Rhyl.

Aussi loin que les tentatives de représentations photographiques de modèles nus sont possibles en Angleterre, il semblerait qu'elles doivent être confinées aux baigneurs dans nos rivières ou au bord de la mer. Il ne faut pas s'alarmer que ces sujets soient assez limités, car les cours d'eau d'Angleterre et les bords de la mer permettent de produire des milliers d'effets divers, dans lesquels le censeur le plus sévère ne trouverait rien à redire.

Dans les photographies de nu exécutées en plein air des inconvénients nombreux se présentent. Le corps humain, dans ses plus beaux exemples, est toujours au-dessous de la beauté idéale que nous admettons. Trouver un corps réellement assez parfait pour obtenir un ensemble bien proportionné, est une chose qui n'est ni facile ni certaine. Les artistes connaissent la justesse de nos observations par expérience personnelle. L'usage des chaussures et de certains vêtements, produisent sur le corps des difformités plus ou moins apparentes. La marche des modèles est altérée lorsque leurs pieds nus reposent sur un tapis, que sera-ce donc, lorsqu'ils seront obligés de graviter sur la rive ou sur un sol inégal ?

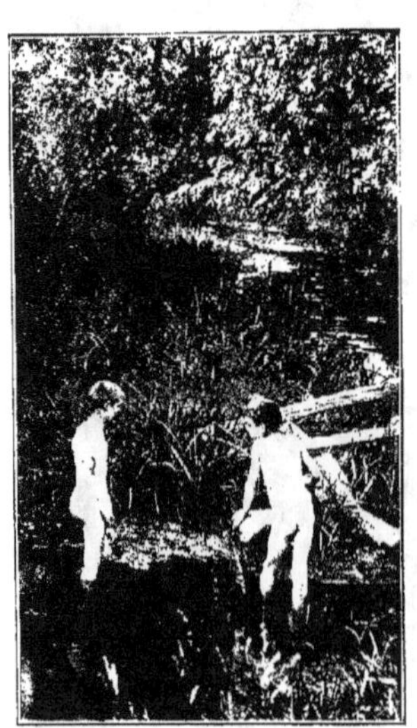

Alfred Craske, Tooting.

« BAIGNEURS »

Au point de vue de la couleur, les parties du corps exposées à la lumière, deviennent ou plus noires ou plus rouges tandis que le reste du corps conserve une blancheur relative, ce qui est rendu par la photographie d'une façon par trop évidente.

Les illustrations présentées ici, sont en général excellentes, bien que certains modèles ne soient pas exempts de défauts physiques inévitables. Un artiste peut souvent poser son modèle d'une façon si heureuse, que ces imperfections ne sont pas pratiquement visibles. Mais la chambre noire a le défaut d'exagérer les os qui saillissent, les jointures deviennent par trop apparentes, il en est de même pour d'autres détails.

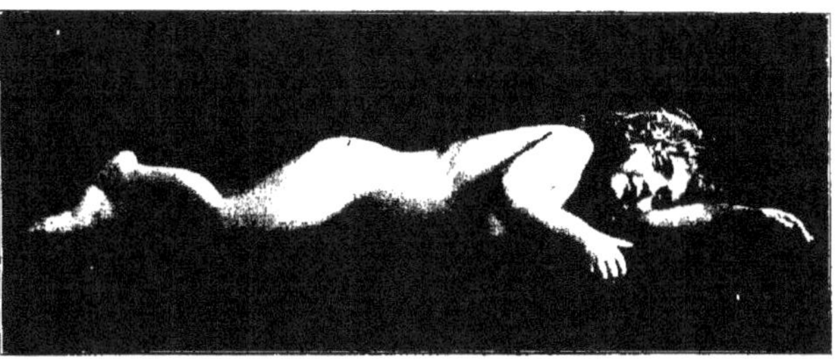

Dr J. Hall Edwards, Birmingham.

La plus grande difficulté est de trouver un modèle avec de beaux traits et une expression intelligente en rapport avec des proportions parfaites ; elle est si grande cette difficulté, qu'on ne peut raisonnablement espérer rencontrer ce modèle idéal que par un très heureux hasard.

Ceci posé il est extrêmement difficile d'exécuter des photographies artistiques de nu, si ce n'est dans certaines poses, où la figure ne constitue pas l'intérêt principal du sujet. Examinez les photographies les plus célèbres produites dans cet ordre d'idées, vous remarquez combien peu sont vraiment satisfaisantes.

Parlons maintenant des représentations du nu avec les enfants. Contrairement aux travaux dont nous avons parlé, ceux-ci sont très populaires. La beauté du corps chez les enfants est au-dessus d'une description quelconque, et à toutes les périodes de l'art elle a trouvé de profonds admirateurs.

Entre les cupidons de Raphaël et l'enfant dans un tub avec une éponge (réclame d'une fabrique de savon), il y a une grande différence, mais les figures peuvent être charmantes dans les deux cas.

La grande perfection des membres des enfants ne demande pas à être représentée dans un simulacre d'images et avec des ailes factices. Mais pour produire une œuvre il faut aussi admettre que les accessoires domestiques du bain sont également superflus. Il est préférable de les laisser au second plan, car ils sont absolument sans importance.

Certains objets naturels tels qu'un coquillage porté à l'oreille et dans lequel l'enfant essaie d'entendre le bruit de la mer, une branche de feuillage, ne peuvent être sujets à objection.

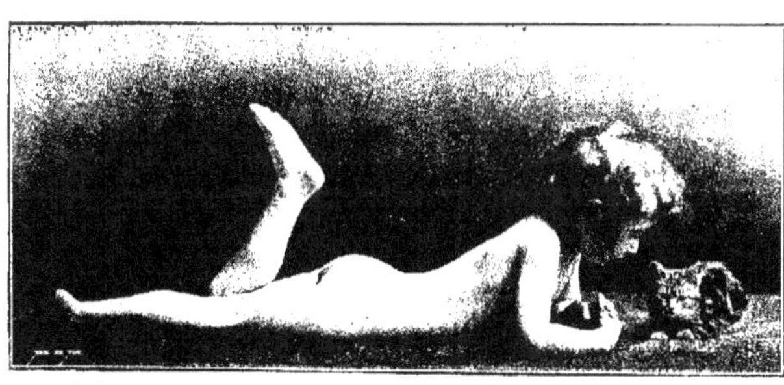

John Williams, phot., Rhyl.

D'autres accessoires simples, un cerceau, une balle, seront en harmonie avec le sujet représenté, mais des moutons, des petits chevaux, jouets certainement très naturels, produiront l'effet d'illustrations d'un numéro de Noël, que ne pourra compenser l'habileté nécessaire pour les produire.

Il est certain qu'il y a des goûts différents dans l'art et une grande variété de types pour produire des tableaux, soit avec les pinceaux, soit avec la chambre noire, tous peuvent être particulièrement justifiés par le plaisir qu'ils procurent à un grand nombre de personnes.

Généralement les enfants sont représentés à un âge où leur plus délicate beauté n'est pas dans toute sa force. Un enfant de quelque mois n'est jamais dans beaucoup de cas un objet de beauté classique, spécialement lorsque la couleur qui est son attribut le plus exquis est imparfaitement représentée par un monochrôme photographique.

Les pieds des enfants sont comme des coquilles nacrées, leurs mains comme des boutons de roses. Leurs yeux, ainsi que Swinburne les décrit dans son *Étude réaliste*, ne peuvent jamais être bien

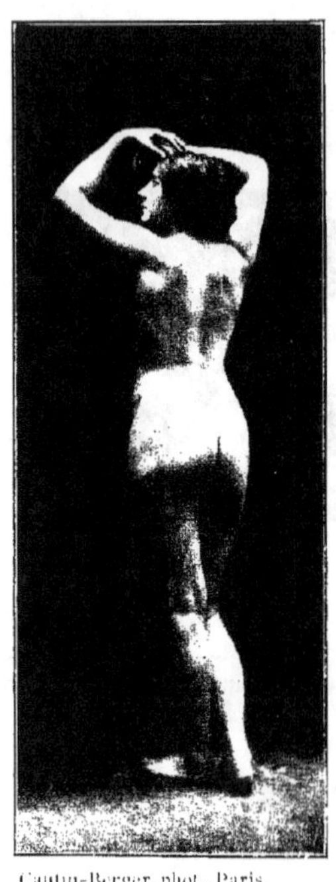

Cautiu-Berger, phot., Paris.

représentés par un photogramme. C'est alors que le charme délicat de la couleur, qui ne peut être reproduit, vient faire désirer qu'on choisisse un âge un peu plus avancé pour obtenir la perfection des formes. A ce moment, les difformités occasionnées par le costume sont inconnues, les mouvements faciles des membres, le tendre modelé des surfaces et le tissu de la peau sont également délicieux. C'est alors que l'artiste ambitionne de reproduire avec la chambre noire la grâce exquise de semblables sujets.

Il semble plus en harmonie avec les couleurs de ces modèles que des fonds et des draperies clairs soient employés. Mais pour les reproductions des modèles vivants, en général il nous semble plus logique de faire usage de fonds sombres, sur lesquels les figures se détachent en silhouettes fermes et saillantes. Les très gracieuses études, que par l'amabilité du Docteur HALL EDWARDS et WILLIAM nous avons pu reproduire ici sont charmantes, de plus, elles constituent des portraits tout à fait remarquables. Dans ces études, le but a été de représenter l'individualité enfantine. Les autres que nous présentons aux lecteurs sont également très complètes, elles ont en outre un grand intérêt au point de vue pictorial.

Les personnes qui vivent constamment dans une atmosphère d'art et de littérature, où les choses sont considérées à un point de vue élevé, ignorent ce dégoût puritain de la forme humaine.

Je ne veux cependant pas les considérer comme des gens à idées malsaines. Ce sont des esprits étroits et peu cultivés. Mais ici des paroles violentes ne changeraient rien.

Si la grande animosité contre le nu idéal est ainsi ouvertement démontrée, nous pouvons nous imaginer leur attitude pour les représentations réalistes des photographes. Dans l'état actuel de la loi anglaise, où une action réellement innocente en intention peut être accusée, et cette délicate question résolue par douze hommes dans une chambre d'audience, les chances de motifs purs ou de raisons artistiques sont jugées par un boucher, un boulanger ou un épicier sont si faibles, qu'aucune personne saine d'esprit n'envisagera cette question avec sérénité. C'est ici que nous constatons le caractère particulièrement illogique de la loi anglaise.

Si (ainsi que l'a écrit M. G. Moore) vous êtes soupçonné de vendre des confitures ou des conserves avariées, une réunion d'experts pour les confitures et les conserves étudie la question et laisse le jury baser son verdict sur le rapport déposé par ces experts en connaissance de cause. S'il s'agit d'art ou de littérature, la question de savoir si le sujet est pur ou non n'est pas soumise à des experts, mais à une douzaine de citoyens qui sont considérés comme suffisamment aptes à juger la question. Il n'y a pas de rapport présenté au jury puisque c'est eux-mêmes qui décident. Les choses sont ainsi, nul

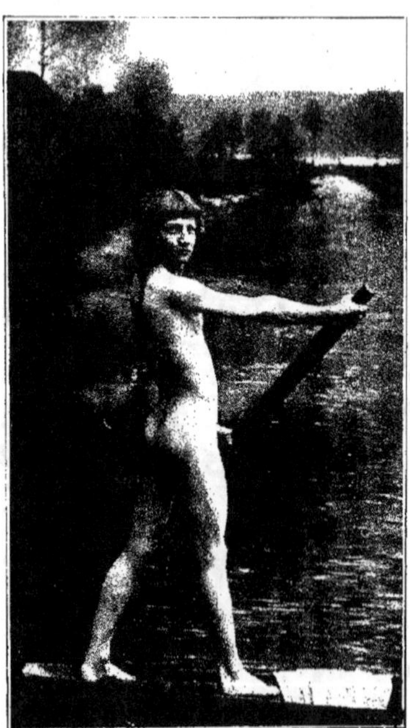

H. Traut, phot., Munich.

ne peut le contredire. Il n'est pas nécessaire de s'étendre sur cette situation illogique de la loi, qui protège les confitures et les conserves et laisse l'art et la littérature à la merci de tout le monde.

En ce qui concerne les études de nu, faites pour des raisons personnelles, on admet que la liberté laissée aux peintres doit être accordée à ceux qui manient la chambre noire. Mais lorsqu'il s'agit d'exhiber ou de publier, bien des gens, ayant conscience de la pureté de leurs intentions, hésitent avant de s'exposer eux-mêmes aux risques de poursuites, qui bien qu'injustifiées, seraient quand même très préjudiciables. Cette manière de voir ne doit pas s'imposer à ceux dont le courage dépasse la prudence, mais elle a pour but de démontrer qu'aucune considération de convenance artistique n'est suffisante, pour convaincre certains esprits officiels de la pureté possible du nu.

La vieille femme de Tennyson, qui dans un de ses poèmes dialectiques exprime son dégoût pour *les statues toutes nues, honteuses à voir,* est un exemple de l'adversaire ignorant qui lit les rapports de police les plus répugnants avec un grand plaisir, mais qui proteste contre la représentation d'un corps non vêtu, sans se préoccuper qu'elle est absolument exempte de toute mauvaise intention.

En réalité, le sujet qui nous occupe est en partie une question de milieu, en partie une question sociale et, sur une grande échelle, une opinion esthétique. C'est ce que j'ai essayé de démontrer.

GLEESON WHITE.

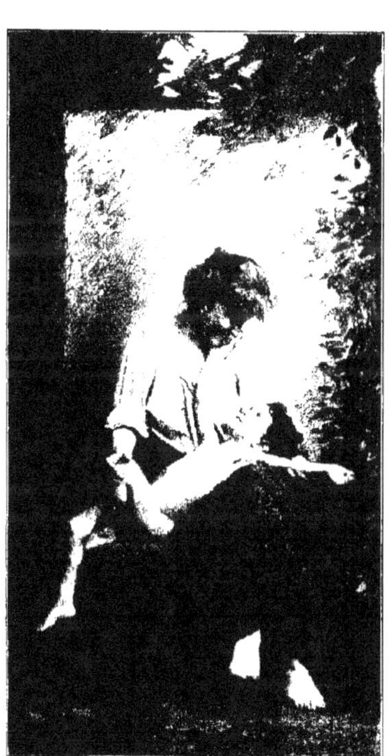

Moreno, phot., New-York, U. S. A.

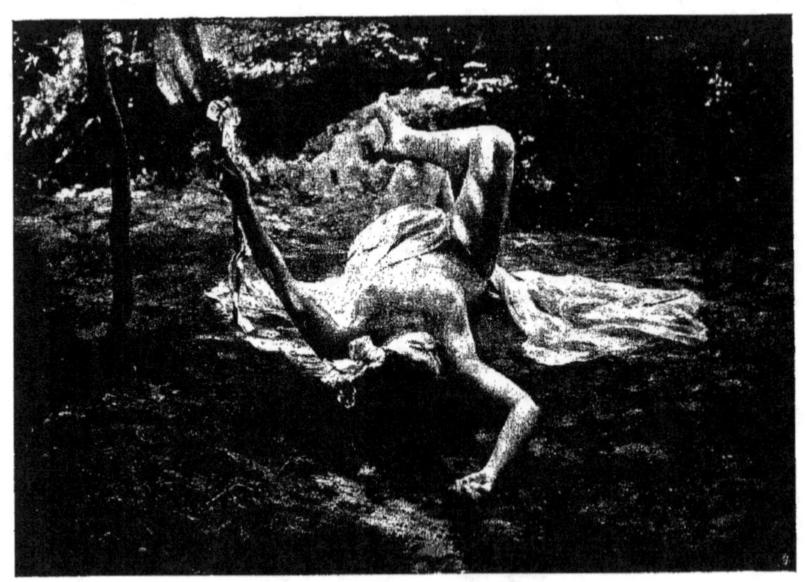

Comte C. de Clugny, Paris.

"LE REPOS DE LA BACCHANTE"

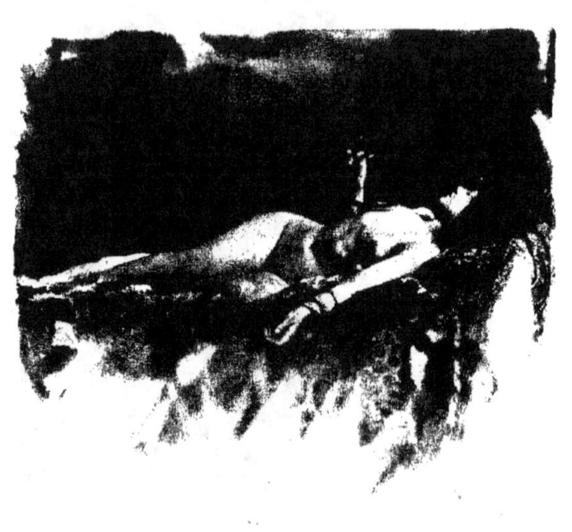

Frédéric Colburn Clarke, phot.,
New-York.
U. S. A.

14

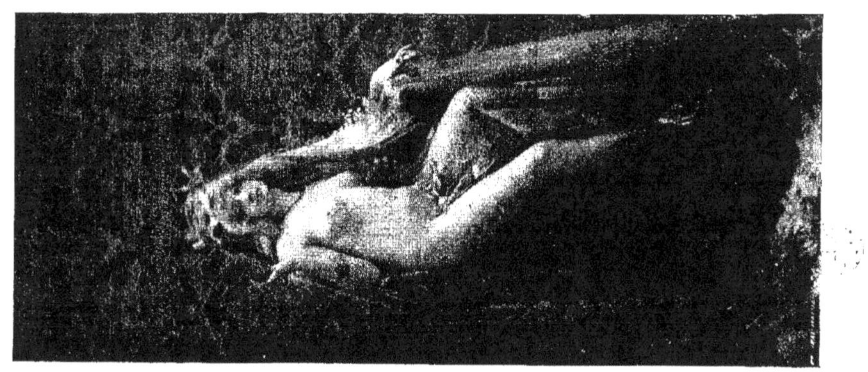

„ARMIDE"

P. Bergou, Paris.

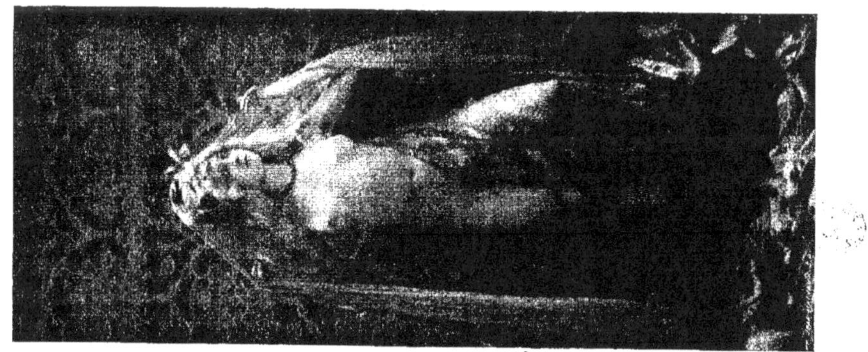

LES CINQ SENS

P. Hetzler jr.
Charlottenburg.

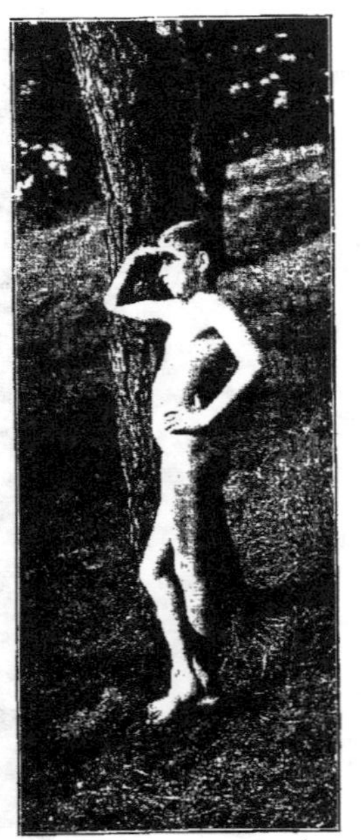

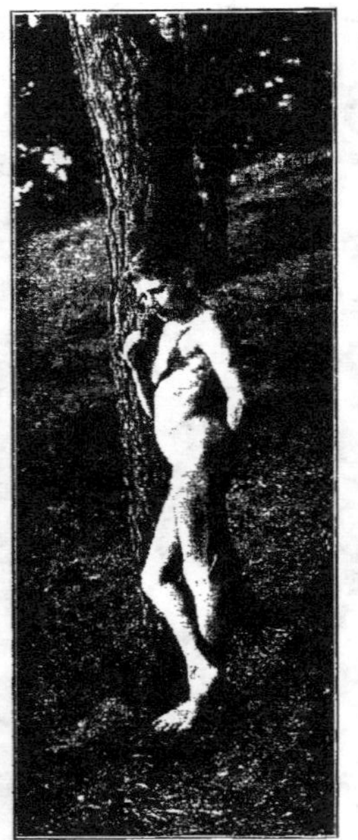

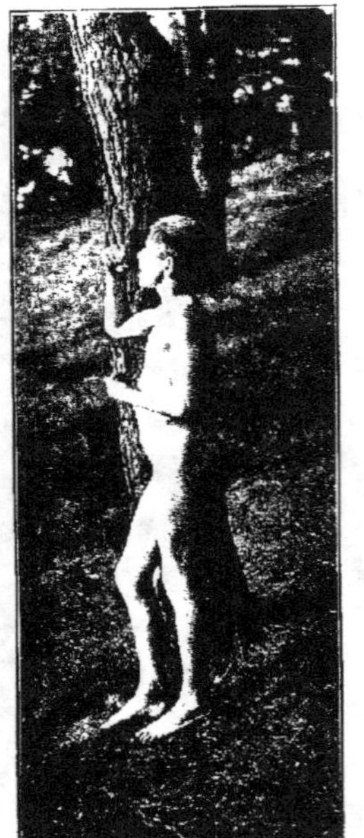

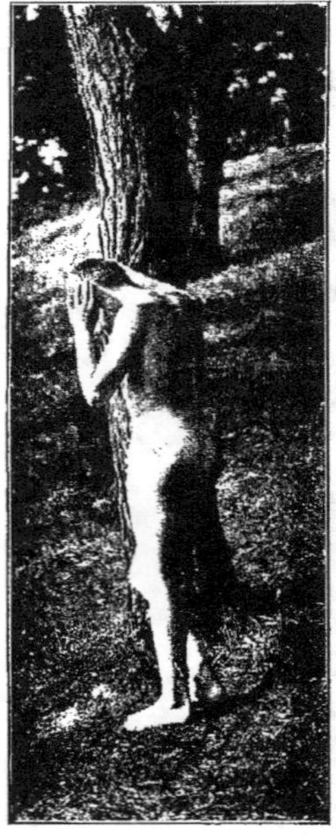

" L'OUIE "

" LE GOUT "

" LE TOUCHER "

" L'ODORAT "

" LA VUE "

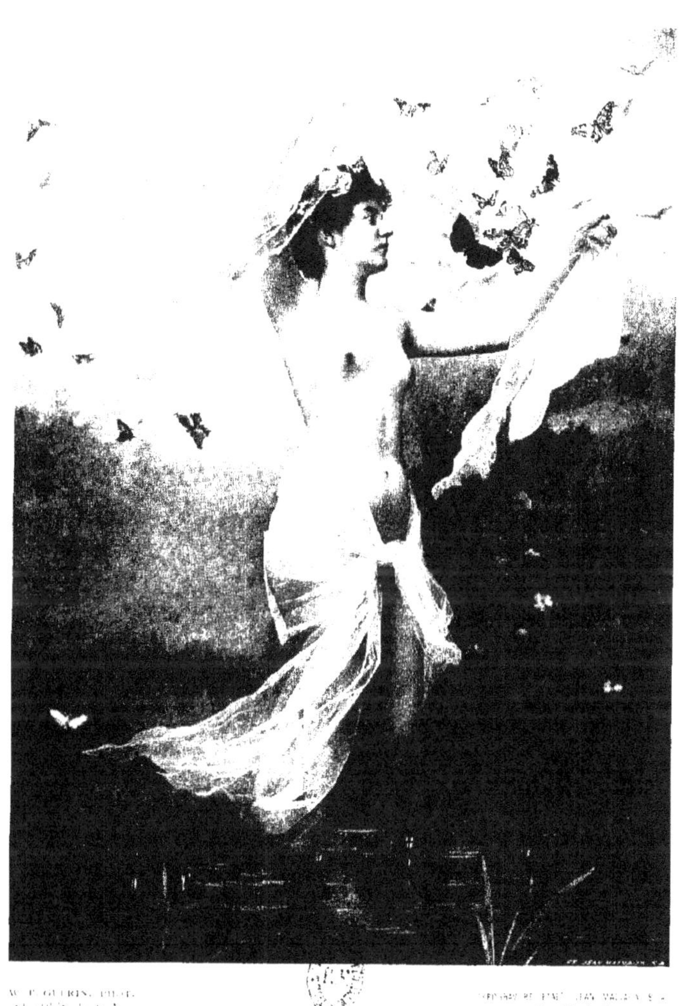

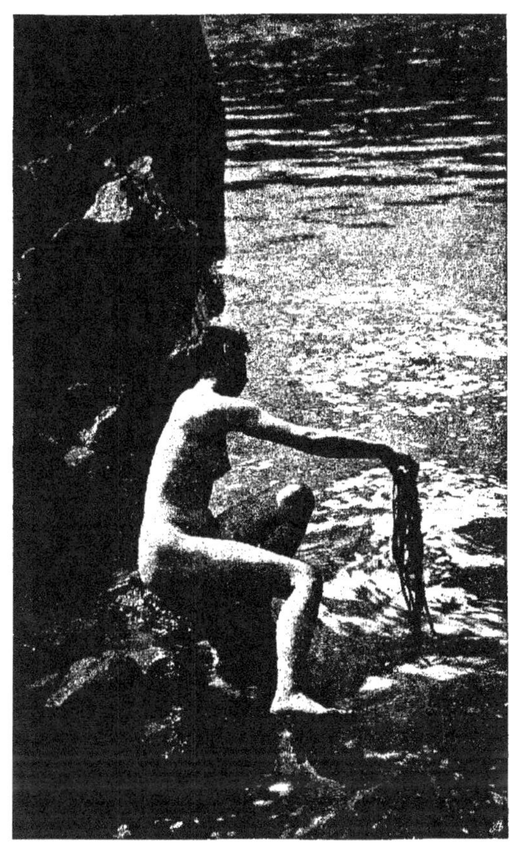

"EBB TIDE"

Henry A. Collins,
Skibbereen.

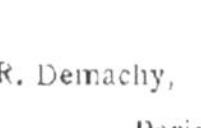

R. Demachy,
Paris.

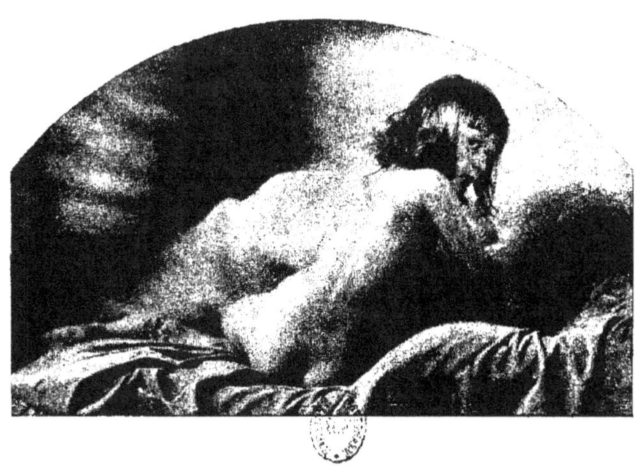

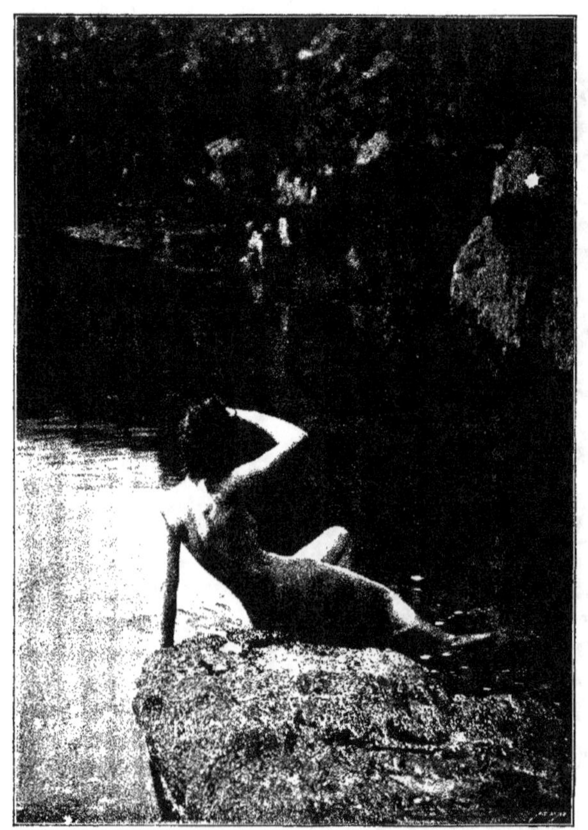

Henry A. Collins.
Skibbereen.   " SIRÈNE "

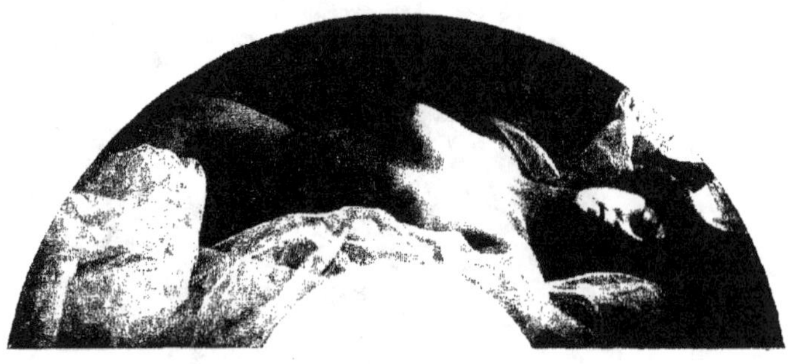

" TORSE "

C. Puyo.

LA REPRODUCTION DU NU
EST-ELLE INDÉCENTE ?

Dans un numéro récent du journal " PHOTOGRAPHISCHE CORRESPONDENZ " de Vienne, a paru un article de son éditeur, ayant pour titre : " Die Nackte Wahrheit und Anderes ", dans lequel mes travaux sont cités en termes bienveillants.

Cet article remarquable contient de profondes vérités ! Cependant, la manière de voir de l'auteur, en ce qui concerne la reproduction du nu, nous paraît décidément trop exclusive ou trop pessimiste dans son ensemble. Mon nom ayant été mentionné souvent, non seulement dans cet article, mais aussi par d'autres écrivains ayant abordé le même sujet, je me permets de faire ici quelques observations pour expliquer mon opinion personnelle.

Anatomiste, je ne puis exiger du grand public qu'il accepte d'emblée ma manière de voir ; cependant, ma profession même me rend apte à juger froidement et sans parti pris les opinions des autres.

D'abord, il est hors de doute que tout ce qui a été créé par la nature, le corps humain dans sa nudité par exemple, ne peut être *ni indécent, ni obscène*.

" *Naturalia non sunt turpia !* " L'immoralité n'est pas inhérente à l'objet représenté, mais elle peut germer dans la pensée du spectateur. Le modèle n'a pas à rougir, mais plutôt l'observateur immoral dont l'indignation est l'expression d'une mauvaise conscience.

L'auteur dit en termes très secs : *Nous manquons totalement de cet esprit antique, que les sensations érotiques n'ont pas troublé à la vue d'un modèle femme, esprit qui a dû régner aux temps classiques de la Grèce (?).*

L'auteur est cependant assez circonspect pour émettre un certain doute sur les opinions qu'il prête à l'antiquité.

Cette déclaration catégorique va trop loin assurément ; il est nécessaire de la réfuter, au point de vue des mœurs et au point de vue de l'éducation, si nous croyons à un progrès futur de l'humanité.

L'auteur de l'article en question a malheureusement raison dans bien des cas ; la cause en est à la dégénérescence de la race humaine, provoquée par l'abus des idées religieuses et au peu d'habitude qu'on a de contempler le nu.

Nous ne voyons pas pourquoi on ne pourrait espérer dans l'avenir une amélioration de cet état de choses, en traitant raisonnablement la question.

Il est facile de démontrer que des opinions aussi catégoriques ne peuvent s'appliquer partout.

Hugo Erfurth, phot., Dresde.

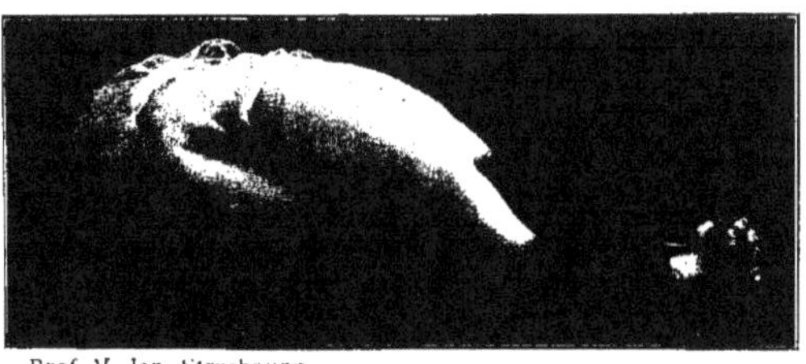

Prof. V. Jan, Strasbourg.

Comme il s'agit de peuples peu civilisés, nous laisserons de côté les belles négresses des plaines de l'Afrique, qui marchent dans leur classique nudité, sans éveiller des sensations érotiques.

Chez les peuples très civilisés, chez les Japonais, qui ont une grande communauté d'idées avec nous, il en est de même. Là-bas aussi, la nudité n'est pas indécente. Récemment, une dame européenne ayant longtemps vécu au Japon, disait dans un article sur les Japonaises « qu'elle avait compris qu'on « pouvait être nue, et se comporter quand même avec dignité. »

Il en est de même dans d'autres pays des tropiques, comme par exemple à Batavia, à Bangkok, à Singapore, etc., etc., où les dames de la société paraissent aux tables d'hôte des hôtels dans des costumes qui rappellent celui de notre mère Eve. Elles ne croient pas ainsi provoquer les sens de ceux qui les entourent. Il est inutile de chercher hors de l'Europe des preuves de notre assertion. Les dogmes ascétiques sur la mortification de la chair et le renoncement n'ont pas empêché à la fin du moyen-âge les hommes et les femmes de se baigner en commun, nus, dans les bains publics. A cette époque, les invités des noces se baignaient sans distinction de sexes dans ces mêmes établissements avant de prendre part aux festins.

Dans les stations balnéaires du Sud, dans les lacs du Tyrol par exemple, les deux sexes se baignent ensemble, dans des toilettes de bain qui n'ont d'autre but réel que de faire valoir les charmes et non de les couvrir.

Nous en dirons autant des bains d'Ostende, de Schevenigen, etc., etc.

C'est une profonde erreur de penser que le corps absolument nu est plus provoquant que lorsqu'il est couvert en partie : les voiles alors font ressortir avec plus d'attraits la chair nue.

Nous en dirons autant des grandes toilettes de soirée de nos femmes, avec leur décolletage couvrant à peine les seins et l'échancrure du dos, qui nous font toujours attendre le moment où la robe glissera tout à fait.

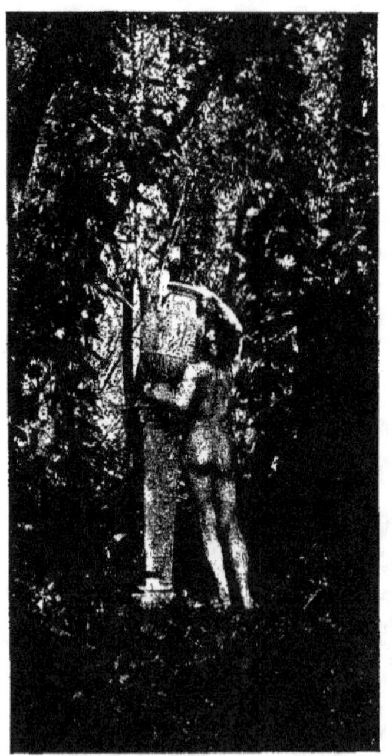

R. Le Bègue.

" L'HOMME AU VASE "

La thèse que nous soutenons et qui semble paradoxale se trouve donc amplement justifiée. Il est d'ores et déjà démontré qu'un corps complètement nu le semble moins que celui qui n'est couvert qu'en partie, lorsqu'avec un certain raffinement plusieurs de ces parties pouvant provoquer les sens ont été découvertes à dessein.

A l'appui de ce que nous avançons, qu'il me soit permis de rappeler que dans nos Académies de dessin et de peinture de très jeunes gens des deux sexes étudient d'après le nu.

Seraient-ils en état de travailler, s'ils étaient continuellement sous l'empire de sensations érotiques? Cela peut arriver, c'est évident, mais ces cas sont heureusement des exceptions.

Jusqu'où peut aller l'absurdité dans une société soi-disant civilisée, c'est ce qui est arrivé à Weimar il y a quelques années. Les artistes ayant besoin d'un modèle femme, firent venir dans cette ville une jeune fille parfaitement honnête ; ceci provoqua

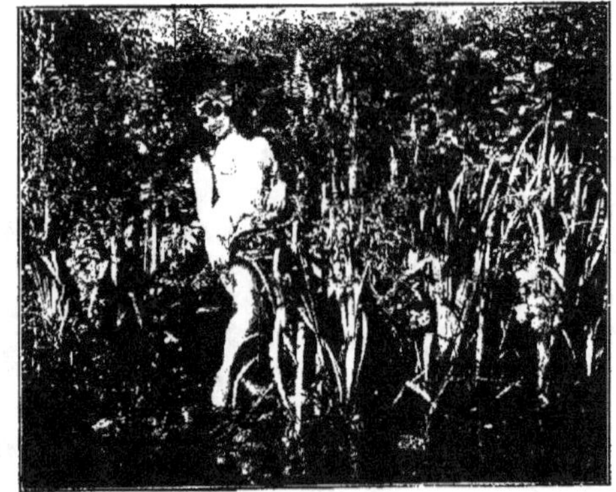

A. Lemoine, Paris.

" NYMPHE "

une telle indignation dans la population, que l'inoffensive personne fut obligée de s'éloigner au plus vite.

Nous devons combattre de telles absurdités, dans l'intérêt de l'humanité, si nous voulons avoir une génération sensée et une société telle que la décrivent des journaux spéciaux, entre autres " *Kraft und Schönheit* " de Berlin *(La Force et la Beauté)*, qui préconisent la fondation de bains d'air et de lumière, où on se livrerait aux sports athlétiques dans un état de nudité complète.

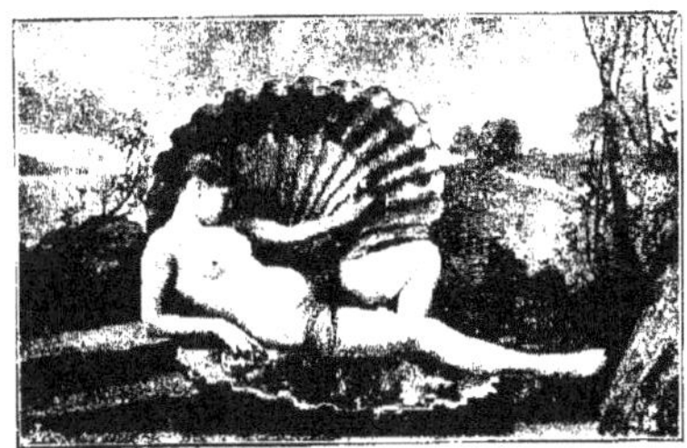

Otto Schmidt, Vienne.

" LA PERLE "

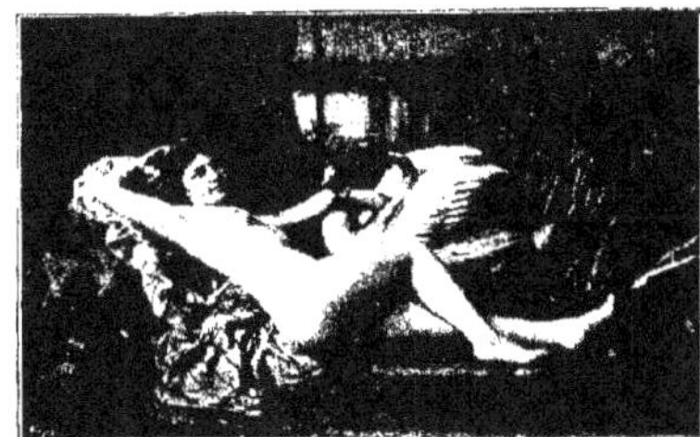

Otto Schmidt, Vienne.

" LEDA "

En dehors du préjudice causé à la santé par le peu de soin qu'on prend du corps, et cela par pruderie, la religion ne va-t-elle pas jusqu'à prêcher de le couvrir entièrement, et d'en faire ainsi une chose qui nous est presque inconnue.

Cette situation, facile à démontrer, m'a engagé autant qu'il est en mon pouvoir, à combler les lacunes de notre savoir. Pour atteindre ce but, il a fallu m'appuyer sur des reproductions artistiques, et dans celles-ci le peu de connaissance du corps humain se faisait sentir d'une manière évidente. Je n'ai pas l'intention de critiquer les artistes, encore moins de leur donner des leçons; je voudrais seulement par mes travaux établir une base, une mesure, qui permettraient à tous ceux que la chose intéresse de former leur jugement. Je crois que j'y suis parvenu, en partie du moins. Je me suis adressé aux sociétés anthropologiques, qui ont pour but l'étude de l'homme. Je leur ai présenté des sujets nus avec des projections grandeur naturelle.

J'ai aussi, à différentes reprises, devant un auditoire composé d'hommes et de femmes, fait des conférences avec projections aux Musées de Cassel, de Lindau et autres villes, et jamais, que je sache, personne n'a trouvé indécentes mes présentations, pour lesquelles j'ai obtenu un grand succès.

L'article cité me touche spécialement, quand l'auteur exprime des craintes au sujet de l'intervention possible de la justice, surtout quand elles émanent de Vienne. En effet, cette ville a le très grand avantage de posséder beaucoup de beaux modèles, et s'il n'est pas donné aux étrangers de les approcher, tous ceux qui s'intéressent à la structure idéalement normale du corps humain, sauront gré à M. OTTO SCHMIDT de mettre à leur disposition un grand nombre de beautés féminines reproduites nues. Il a bien mérité de l'humanité, et les magistrats malgré la nudité de ces images très décentes, n'ont fait aucune objection.

Je possède beaucoup de ces études, entre autres celle qu'on nomme avec raison " *La Perle* ", j'en ai à maintes reprises fait usage dans quelques-uns de mes travaux scientifiques.

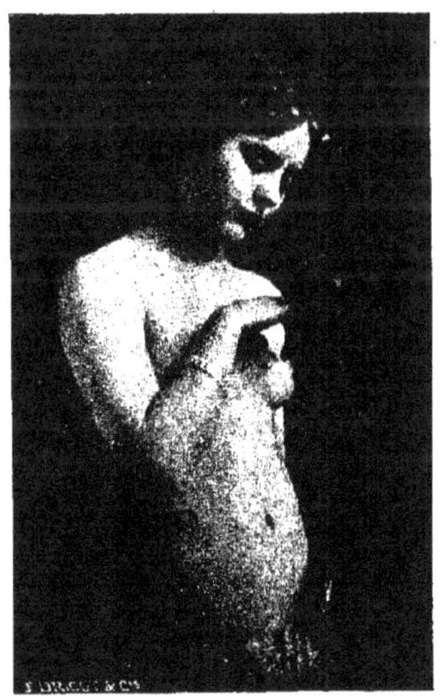

J. Wells Champney,

New-York, U. S. A.

Mes propres reproductions, dont parle sympathiquement l'auteur de l'article, ne peuvent pour bien des raisons être comparées à celles de M. OTTO SCHMIDT; cependant, je me suis efforcé de leur donner un aspect artistique.

En vérité, malgré ses bonnes intentions, l'auteur de l'article va trop loin dans son jugement sur la reproduction artistique du nu dans les œuvres modernes, en ce sens qu'il réprouve toutes les peintures de nos jours dans cet ordre d'idée.

Les exagérations dans la reproduction du corps humain, qui se trouvent dans la plupart des peintures modernes, sont malheureusement trop connues. Je n'ai pas hésité moi-même à protester, et soulever par suite une tempête d'indignation.

Cependant, nous ne pouvons oublier que dans ces derniers temps, on a fait les plus grands progrès dans la reproduction de la beauté féminine. L'auteur de l'article aurait pu, il me semble, songer au peintre MAKART, tant porté aux nues de son temps et si vite oublié. Ce grand artiste s'est servi avec bonheur dans son tableau *" L'entrée de Charles-Quint à Anvers "* des beaux modèles de la ville impériale.

" La Vénus Anadyomène" de BÖCKLIN et *"La Charmeuse de Serpents "* de LENBACH, quoique peu de mon goût, sont des tableaux très estimés.

Il y a quelques années, un peintre anglais, FORSTER, a obtenu la grande médaille d'or à l'Exposition internationale de Berlin, pour un tableau représentant une femme entièrement nue, de grandeur naturelle, *"La Vérité"*, reproduction d'un modèle vivant. Le grand tableau d'ALMA-TADEMA, *" Le Modèle du Sculpteur "*, a été aussi récompensé à cette même Exposition. Une grande médaille d'or a été également décernée au peintre français AUBLET, pour son tableau *" L'Automne"*, femme nue dans un paysage.

Parmi les Français, c'est BOUGUEREAU, attaqué par ses adversaires pour sa manière de peindre ; cependant il joint à l'entendement des lignes du corps de la femme (par exemple dans son tableau célèbre *" La Vénus Anadyomène "*) les précieuses qualités d'un grand artiste.

Ces exemples sont suffisants, pour prouver que parmi les artistes contemporains, l'étude du nu n'a pas faibli, ce que pourraient faire croire les insinuations de mon contradicteur.

Tout nous fait donc espérer une génération d'artistes encore plus entendue. Pour arriver au but, il est indiscutable que *l'étude approfondie du nu est absolument nécessaire. La Photographie, certainement, avec son allure réaliste, contribuera beaucoup au progrès.* D'autre part, il est certain que ceux qui n'ont pas la moindre notion des formes du corps humain, s'imaginent que les beautés féminines sont semblables à celles que représentent les illustrations des journaux de Vienne *" Der Floh"* et *" Pschutt "*. Ce sont précisément ces erreurs qu'il faut redresser, et la nature dans sa réalité ne paraîtra plus aussi laide.

Pour terminer, un mot sur la décence à garder dans les reproductions du corps humain nu, qui n'offrira rien de choquant pour les personnes sans préjugés habitués à sa vue. Le nu paraîtra brutal et excitera les sens, si on attire l'attention sur quelque partie du corps, en le voilant partiellement et d'une façon transparente.

La reproduction du corps humain dans de belles proportions, ne peut être ni indécente ni obscène !

Prof. GUSTAV FRITSCH — Berlin.

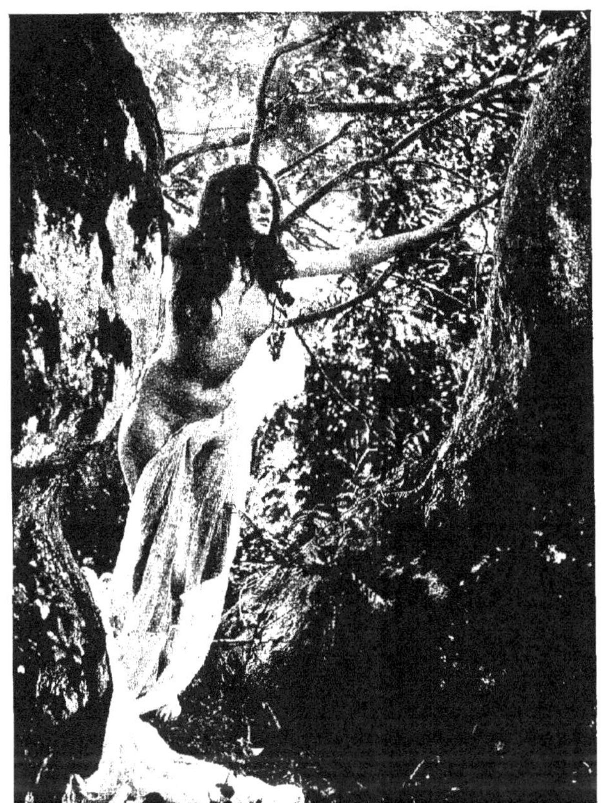

"NYMPHE DES BOIS"

Comte C. de Clugny,
Paris.

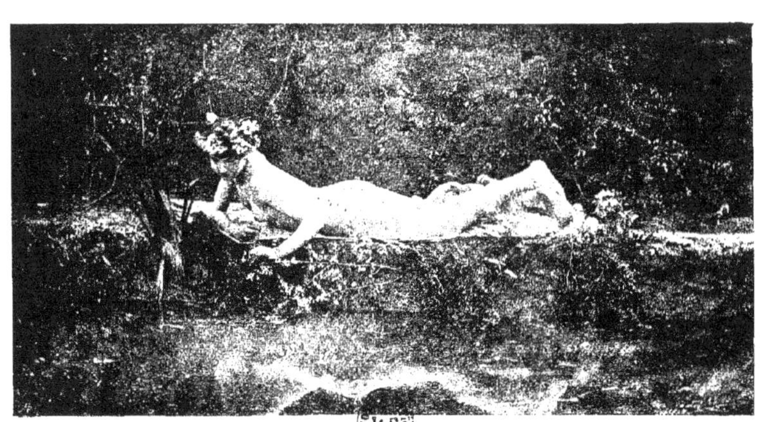

R. Le Bègue, Paris.

"AU BORD DE L'EAU"

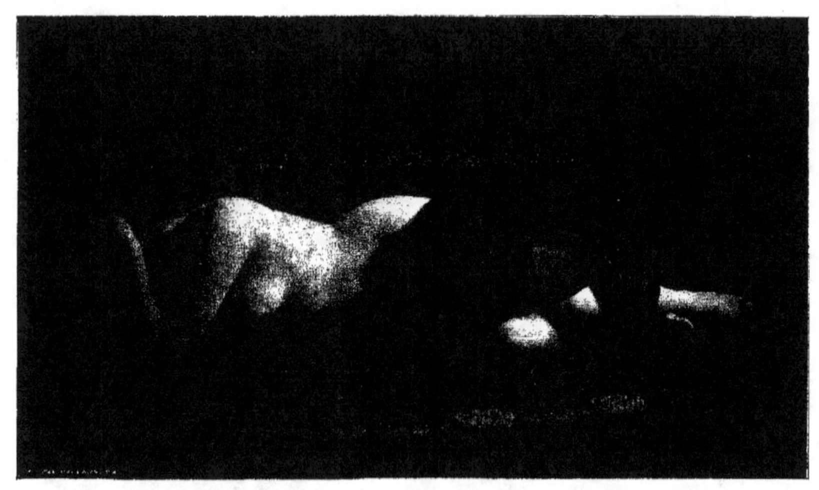

Oliver Lippincott, Los Angeles, U. S. A.

"GRIEF"

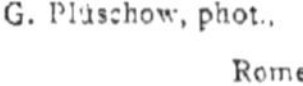

G. Plüschow, phot.,
Rome.

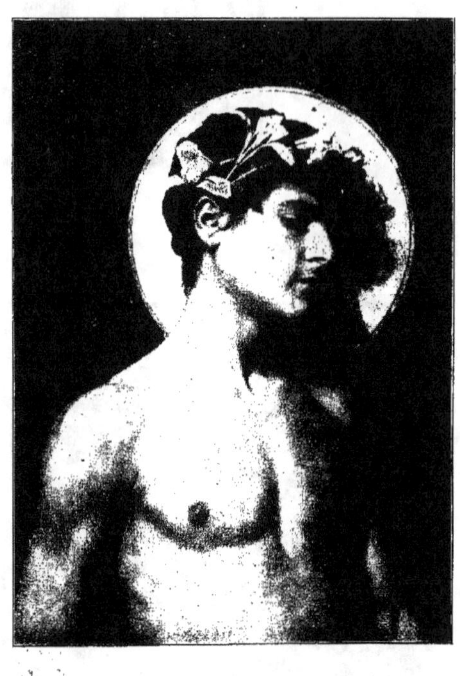

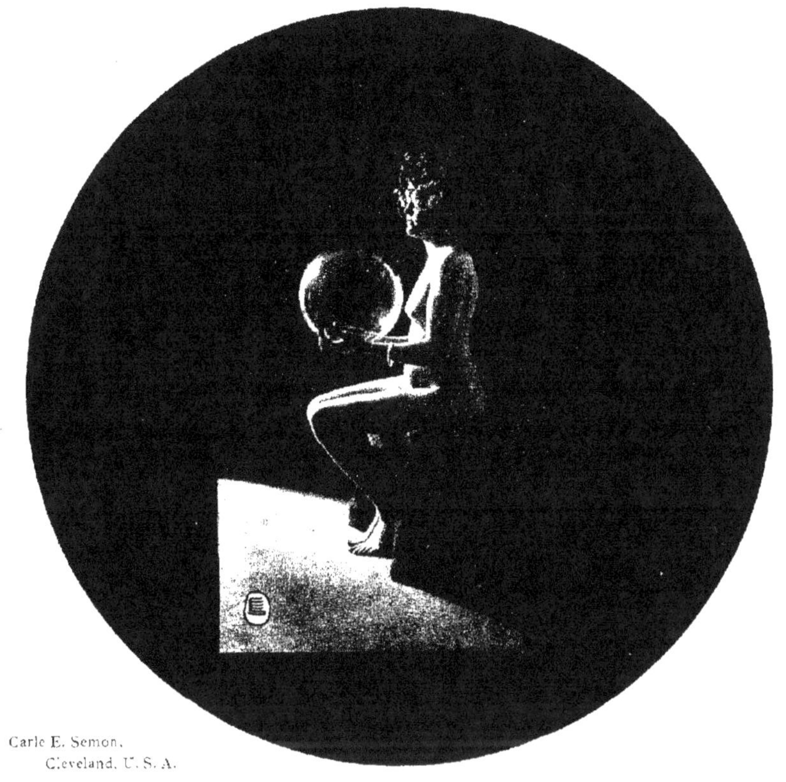

Carle E. Semon,
Cleveland, U. S. A.

" JEUNESSE "

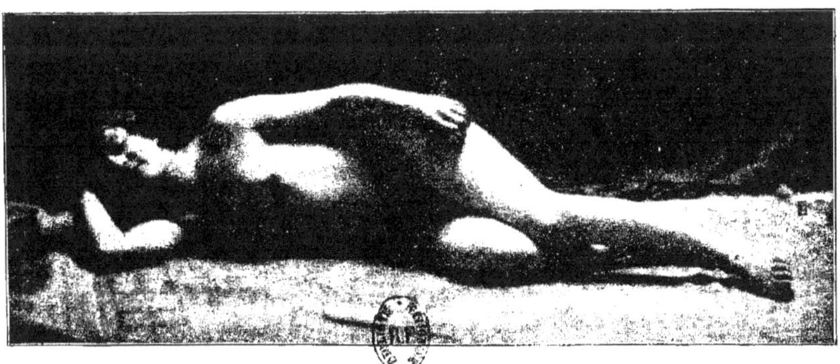

Hugo Erfurth, phot, Dresde.

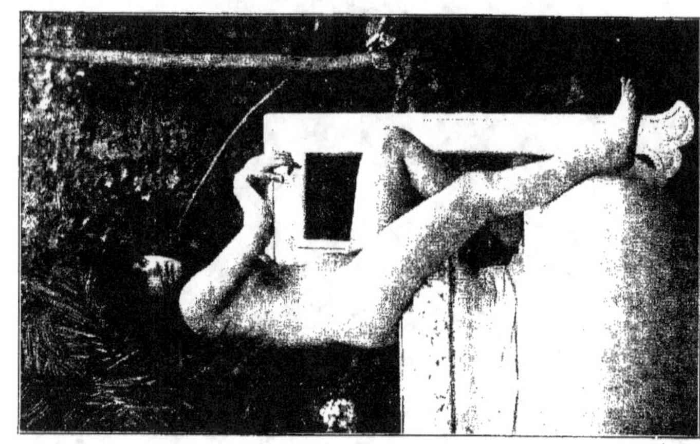

Otto Schmidt,
Vienne.

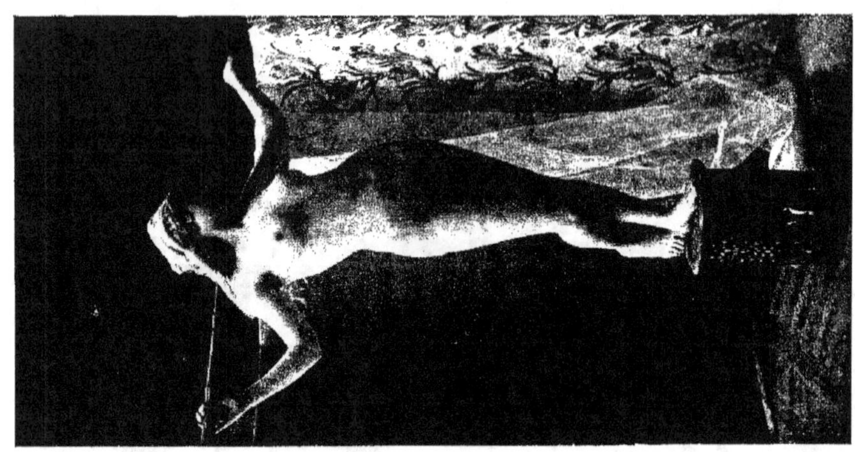

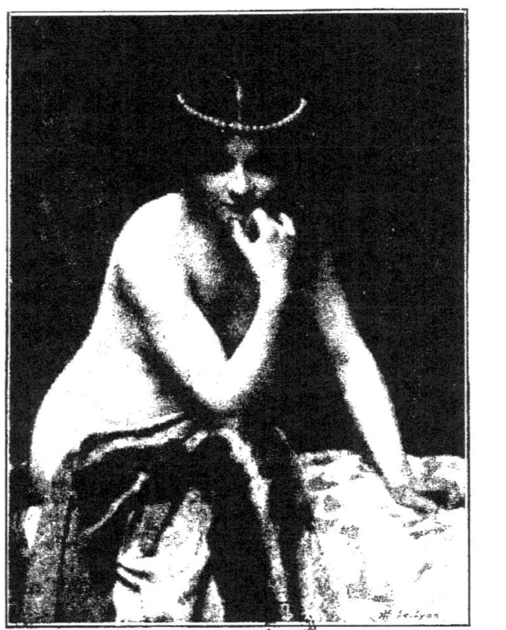

Hugo Erfurth, phot., Dresden.

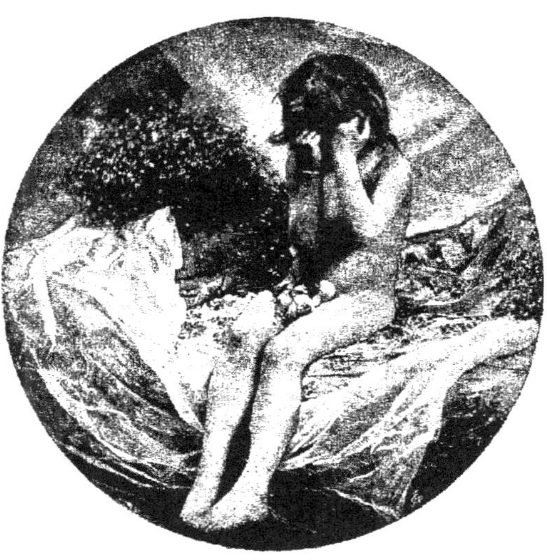

F. Demachy. Paris.

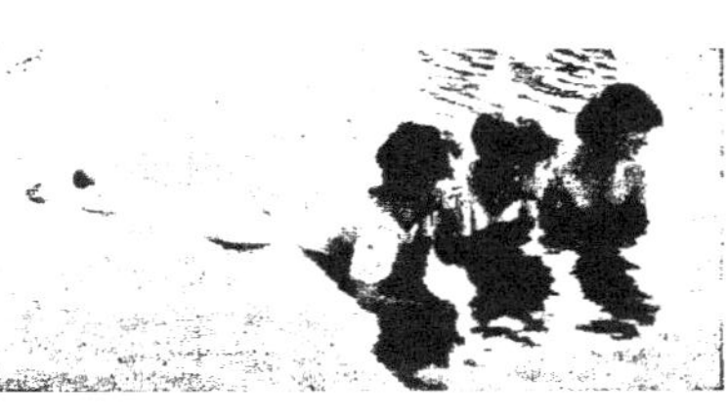

Ch. Scolik. Vienne.

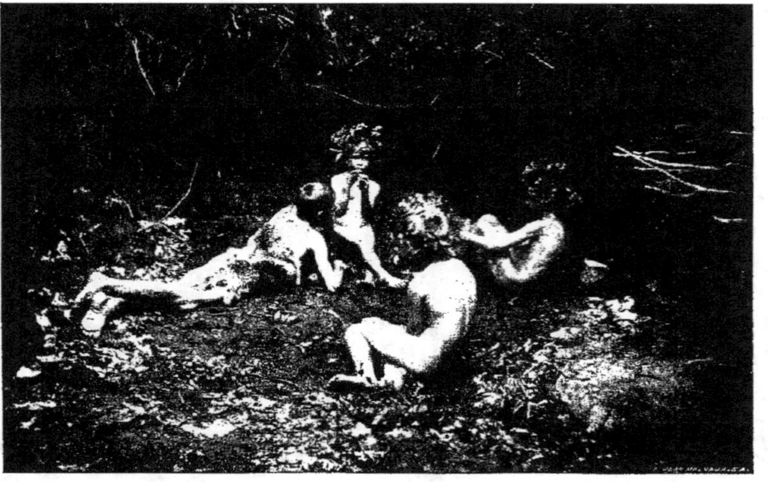

Herbert Arthur
Hesse,
Jacksonville, U. S. A.

"IN ARCADIA"

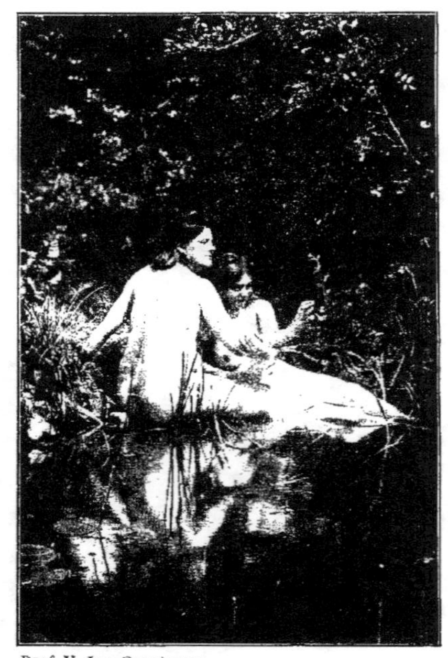

Prof. V. Jan, Strasbourg.

"ÉTÉ"

LES PHOTOGRAPHIES

DES ENFANTS NUS

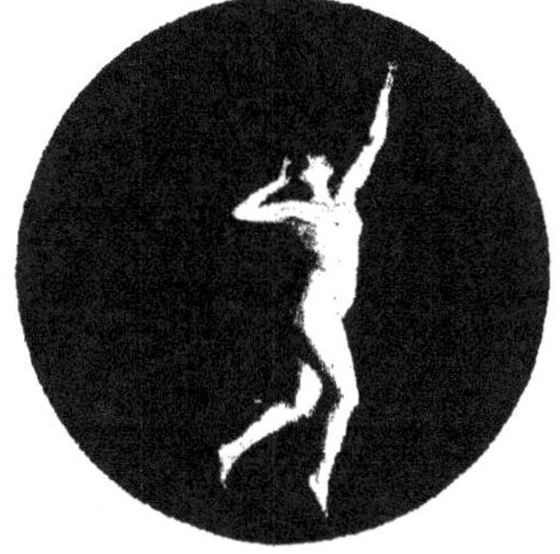

A. Lemoine, Paris.

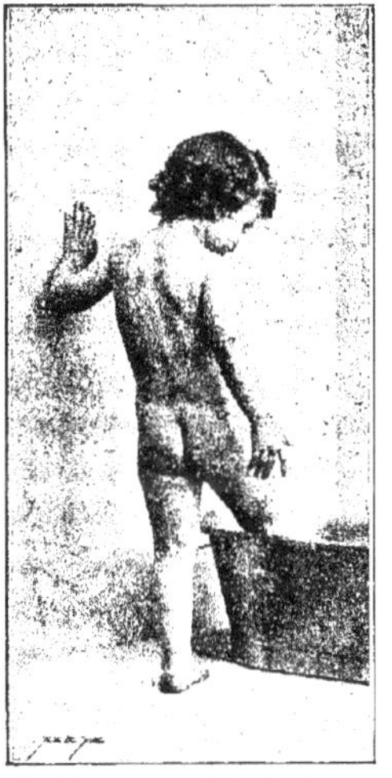

F. Boissonnas, phot., Genève.

On a répété souvent, que les photographes ne devraient jamais affronter les reproductions du nu, si ce n'est pour obtenir des études pour les peintres. On a dit aussi qu'on ne devrait jamais photographier le nu, à moins qu'il ne soit drapé ! Il est certainement inutile de faire remarquer aux lecteurs intelligents, que le censeur sévère qui a émis ces opinions était un puritain. On a aussi affirmé, qu'en faisant des *photographies de nu* on n'obtenait *que de la nudité*.

Il est certain qu'il y a quelque vérité dans toutes ces idées. On en sera convaincu, hélas ! si on se rappelle certains des travaux présentés à nos expositions pendant ces dernières années. Mais, malgré la mauvaise opinion qu'on a généralement des productions de nu obtenues avec la chambre noire, on peut constater que la photographie peut aborder avec succès, les représentations des modèles vivants, ainsi que MM. PUYO, FRANK EUGÈNE, HOLLAND DAY, P. BERGON, R. LE BÈGUE, A. LEMOINE et un grand nombre d'autres artistes l'ont très habilement prouvé.

Constatons aussi les grands préjugés qui existent au sujet des photographies d'enfants non vêtus.

Laissons de côté les assertions du docteur KNOX qui, dans son excellent *Manuel d'Anatomie Artistique*, nous dit que le torse de l'enfant ne vaut pas la peine d'être représenté, car ses formes laissent à désirer. Ne nous occupons en aucune façon des protestations formulées contre la reproduction d'enfants privés de leurs vêtements, et des honteuses insinuations qui ont été lancées contre les photographes qui ont eu le courage d'aborder franchement les études de nu.

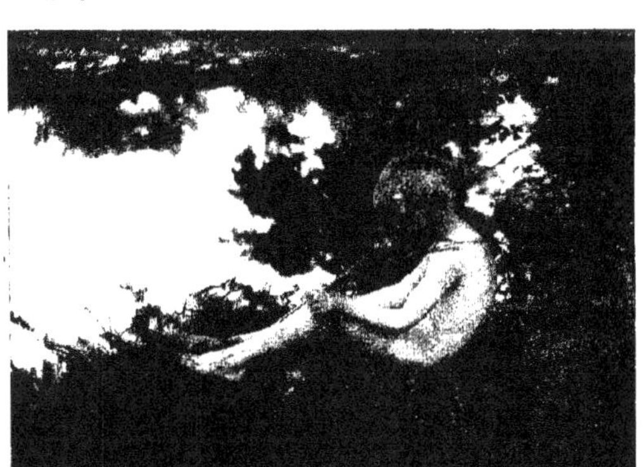

Herbert Arthur Hesse, Jacksonville. U. S. A.

La dernière accusation ne mérite aucun commentaire. En ce qui concerne le docteur KNOX, je

suis certain qu'il serait prêt à reconnaître des charmes et des grâces à l'enfance, qui méritent bien qu'on essaie d'en garder le souvenir au moyen de la chambre noire.

En dépit des très grandes difficultés et du découragement manifesté par le plus grand nombre pour ce genre de travail, il aura toujours pour la minorité un charme irrésistible.

C'est une branche de la photographie artistique qui offre un champ très vaste ; mais s'il est possible de produire le beau, on peut malheureusement aussi tomber dans le grotesque.

Les terribles exemples des commençants nous effraient, mais dans quel autre art ceux-ci osent-ils s'attaquer aux modèles vivants ? Que les

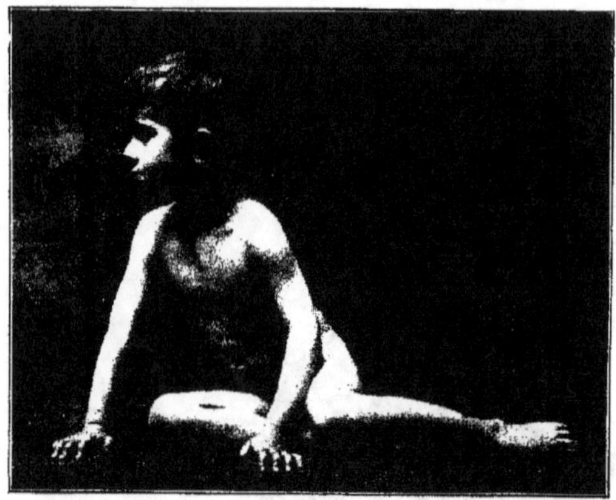

Rolato–Petion. Paris.

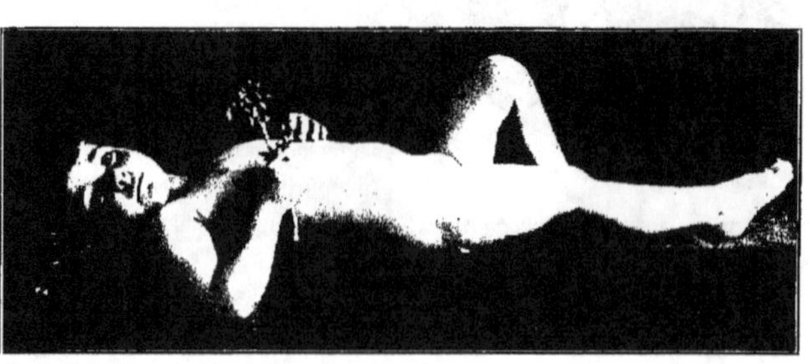

Dr J. Hall Edwards Birmingham.

profanes de la chambre noire commencent donc leurs études avec d'autres sujets.

WILL. A. CADBY.

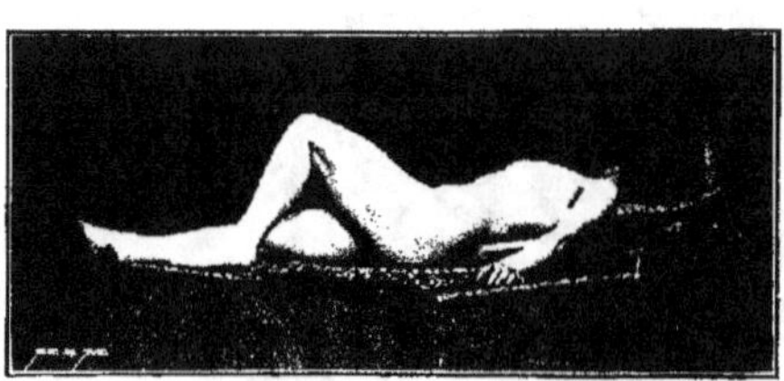

Melle J. Daria. Paris.

30

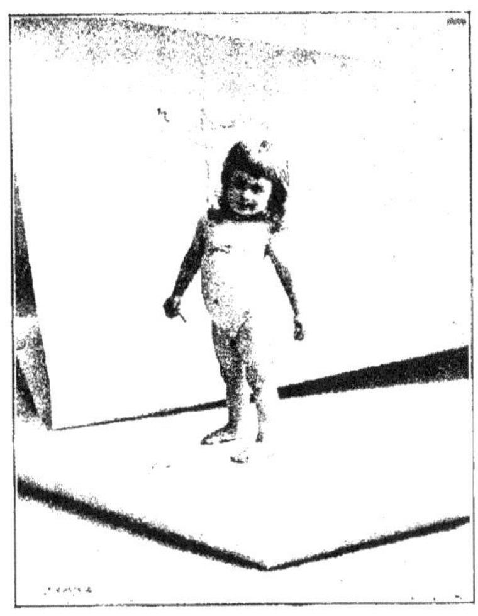

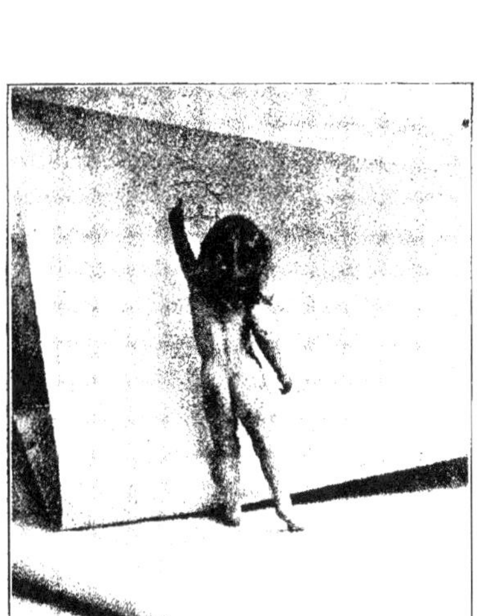

F. Boissonnas, phot.,
Genéve

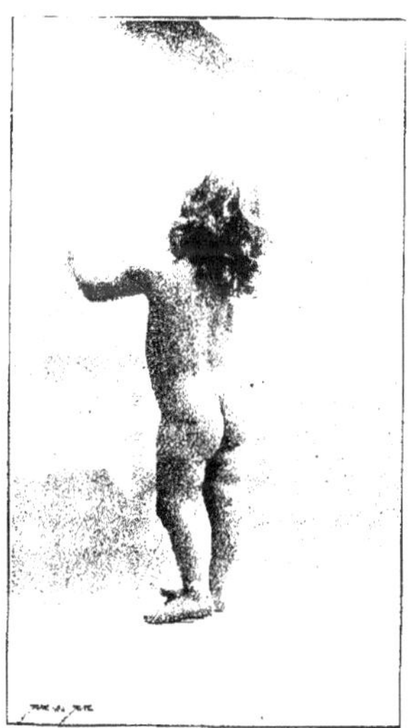

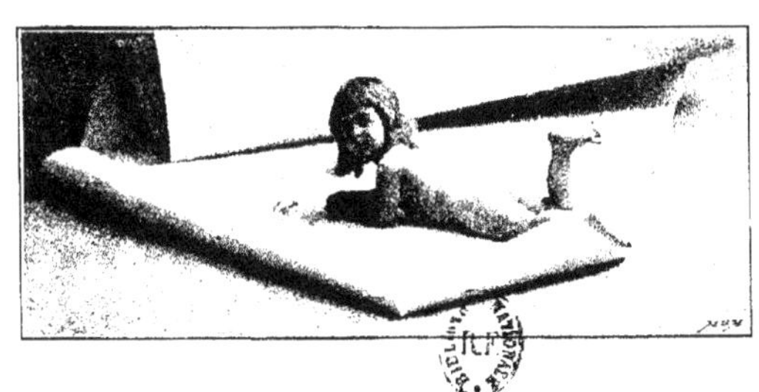

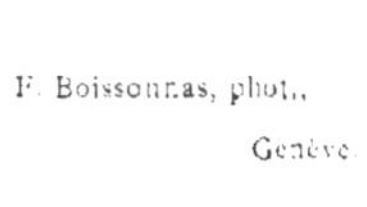

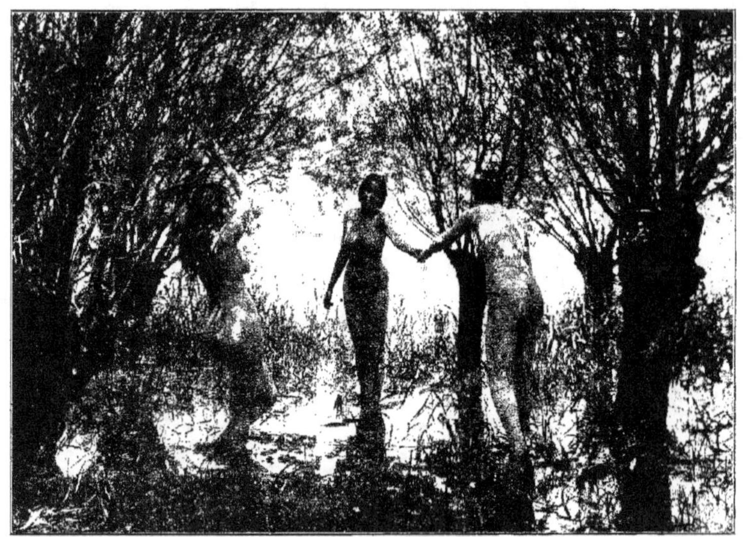

" BAIGNEUSES "

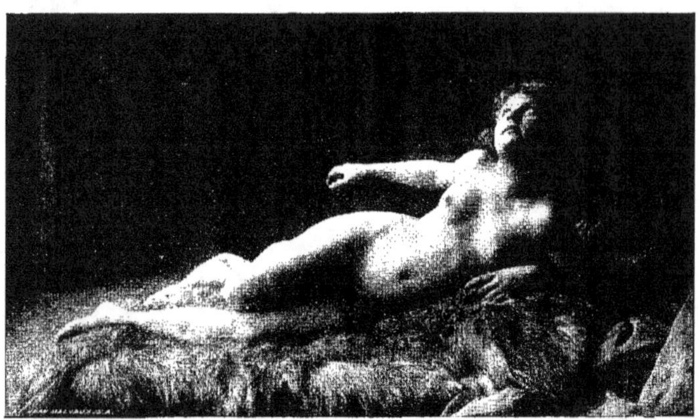

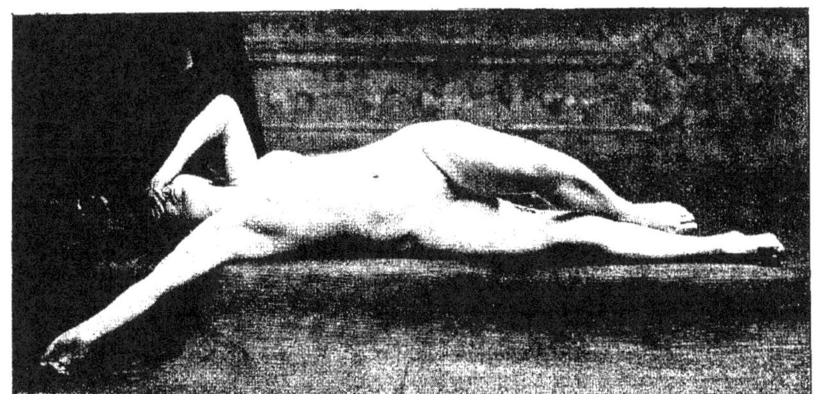

Oscar Köhler, phot., Chemnitz.

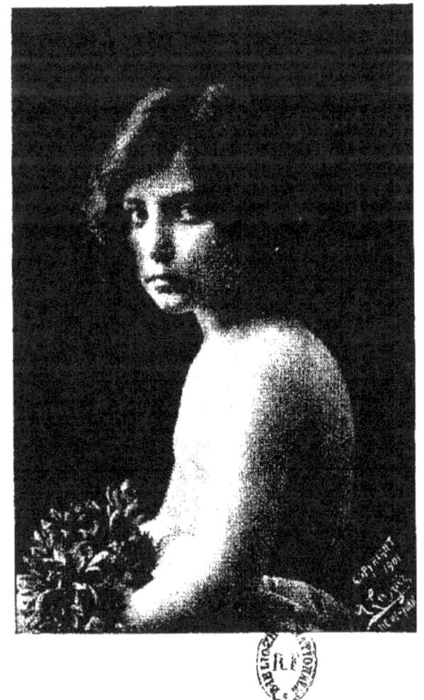

" LYBE "

A. Langfier, phot.,

Boston, U. S. A.

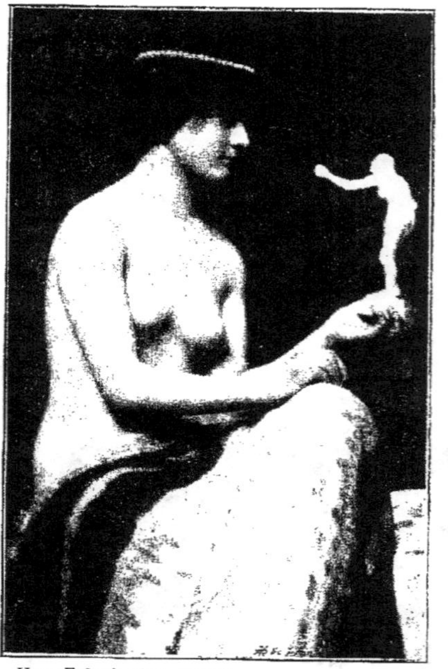

Hugo Erfurth, phot., Dresde.

"ÉTUDE"

Comte C de Clugny,

Paris.

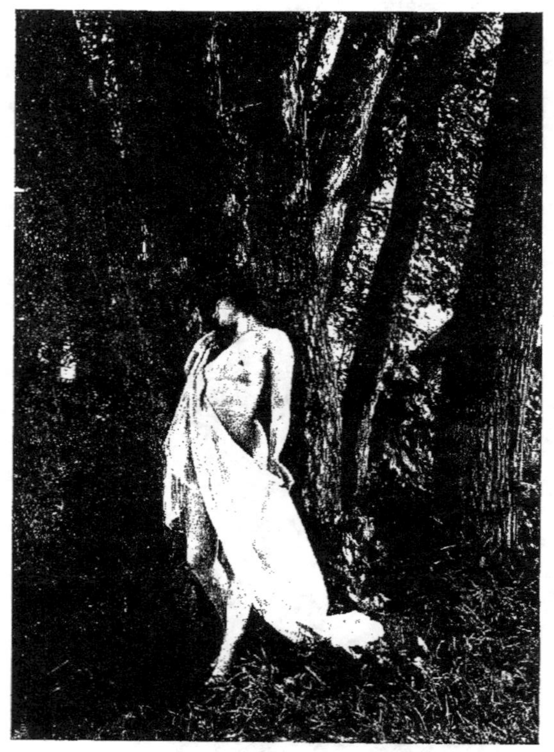

LES RÉALITÉS DU NU
DEVANT L'OBJECTIF

Pour ceux qui aiment à réfléchir un peu avant d'entreprendre quelque chose, ce serait certainement une introduction fort instructive à l'Art du nu en photographie, que les réflexions que pourraient suggérer les succès très différents avec lesquels les éternels motifs inspirateurs de l'art à toutes les époques, le corps humain dépouillé de tout voile, et la nature elle-même, ont été traités par les autres moyens de reproduction, tels que la peinture et la sculpture.

Tandis que le paysage permet à ses adeptes, professionnels véritables ou occasionnels, et amateurs, d'atteindre avec une facilité relative une expression souvent très estimable, le nu est resté le domaine presque exclusif de ceux qui ont étayé par de longues études, des dispositions géniales, deux choses sans lesquelles ils ne s'élèveraient jamais au-dessus de la plus faible médiocrité.

Les causes principales de cette opposition sont faciles à rappeler : d'abord le nu ne tente que par une beauté d'ordre spécial où certainement le sentiment d'admiration de lui-même, qui est en tout être pensant, entre pour une bonne part. Ensuite, la réalisation d'une œuvre dans ce genre, rencontre des difficultés de divers ordres se manifestant autant par elles-mêmes que par la moindre latitude, sinon d'exécution, au moins d'interprétation, que le sujet comporte. En face de la nature, l'artiste est séduit par une disposition de lignes, de couleurs, d'effets d'ombres et de lumières qu'il cherche à rendre suivant son impression et son tempérament ; en face du corps humain, les effets de couleur possibles étant plus limités, il devra surtout exprimer un admirable agencement de lignes et de surfaces éclairées ou dans l'ombre, choses fort difficiles, toute question d'art mise à part.

Pour s'adonner à l'étude du nu, il faut enfin être décidé à lutter contre plusieurs difficultés d'ordre pratique : difficultés extrêmes et chaque jour croissantes, dans nos pays civilisés, pour trouver des modèles de quelque valeur, impossibilité de bénéficier dans cette branche de l'art de la popularité qui appartient aux arts d'agrément à l'usage courant des gens de loisir, et pour terminer, absence, au moins en peinture, de débouchés faciles pour de pareilles œuvres, dans la décoration des appartements bourgeois, décoration qui est la raison et le but de toute la production artistique moyenne et pour ainsi dire industrielle.

La couleur n'est pas un élément de premier ordre dans l'esthétique du corps humain. On peut dire que, malgré des sentiments d'art très variés, un procédé monochrome suffira pour arriver à l'interprétation la plus élevée ; mais en revanche, cette interprétation sera incomplète, tout en pouvant être d'une véritable valeur artistique, si elle n'arrive à donner à notre œil la sensation du relief et du modelé.

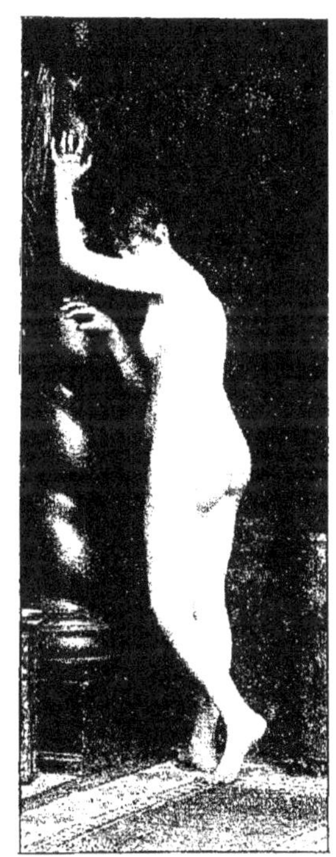

Otto Schmidt, Vienne.

La sculpture qui est au fond, et au point de vue esthétique, bien plus proche parente de l'architecture d'art que de la peinture, devra donc avoir ici une supériorité spéciale. C'est en effet ce qui arrive, et les chefs-d'œuvre des sculpteurs ont, à toutes les époques, entraîné l'admiration des hommes, plus facilement que ceux des peintres qui ont traité les mêmes sujets.

Plus différentes encore, si c'est possible, dans ces deux ordres de reproduction, celle du paysage et celle du nu, sont les conditions du travail des artistes de l'objectif. Il est vrai que l'œuvre de celui qui aborde l'étude du nu à l'aide des procédés photographiques, étant monochrome, ne prendra de ce chef aucun véritable caractère d'infériorité. Il est vrai aussi que si l'auteur sait se servir de diverses

combinaisons optiques, que la science met à sa disposition, il obtiendra sans avoir besoin d'aucun trompe-
l'œil stéréoscopique, des exactitudes et des effets de
relief et de modelé que la graphique manuelle seule
sera le plus souvent impuissante à fournir. Ce seront
certes là de beaux atouts dans son jeu, mais c'est à peu
près tout, et cela mis à part, la partie sera pour lui
hérissée de difficultés.

Le photographe paysagiste a déjà, malheureusement, vis à vis de son sujet, bien moins de libertés que
le peintre qui les possède toutes : liberté de sentiment
personnel, liberté d'interprétation, liberté d'exécution.
Aussi, sans discuter ici le degré de valeur artistique
que peut réellement atteindre une photographie, peut-on
dire que le premier a besoin d'être beaucoup plus exi-
geant quant aux qualités de ce sujet. Mais combien
devra l'être plus encore celui qui attaque la traduction
du nu. On a dit avec raison que le peintre ou le
sculpteur pouvaient former un tout parfait, en emprun-
tant à divers modèles, les parties qui répondaient à l'idéal
qu'ils avaient conçu, tandis que cette méthode n'était
pas dans les moyens du procédé photographique. Il ne
faudrait cependant pas trop généraliser cette objection,
qui est surtout juste pour les écoles qui ont cherché à
représenter quelque idéal surhumain. Certainement si
l'on veut, à l'aide de l'objectif, représenter des Vénus
ou des Dianes, des Apollons ou des Hercules, l'in-
succès sera au bout de la tentative ; mais ces écoles

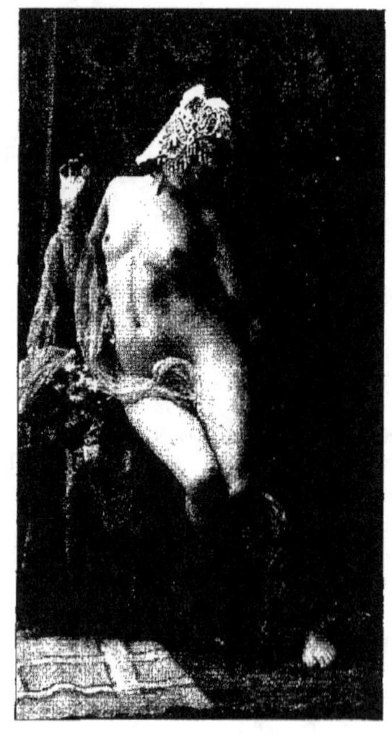

R. Le Bègue, Paris.

« classiques » semblent aujourd'hui en décadence, et c'est plutôt dans l'interprétation artistique des réalités tangibles, c'est-à-dire dans un réalisme pris dans son bon sens, que la plupart des artistes s'engagent aujourd'hui. Or, ici, quelles que soient les difficultés auxquelles vient se heurter la représentation photographique du nu, il n'y en a pas de théoriquement insurmontables.

Nous écarterons tout de suite de la discussion ce genre de représentation, qui n'est qu'une distraction d'amateur et qui consiste à amener devant l'objectif, dans une suggestive garçonnière modern style, pour la circonstance étiquetée atelier, quelque modèle portant beau ou quelque mannequin en corset, recruté à la quatrième page des journaux. Dans une pareille ambiance, que les poses soient chastes ou provoquantes, les accessoires des objets usuels ou de fantaisistes bibelots, le résultat final atteindra à peine le niveau de cette catégorie d'illustrations, qui enjolivaient gentiment nos boîtes d'allumettes avant qu'elles aient été expurgées par la pudibonde régie, et qui se sont réfugiées aujour-d'hui dans certaines séries de cartes postales illustrées à l'usage des collectionneurs graveleux.

Hugo Erfurth, phot., Dresde.

En mettant les choses au mieux, on n'aura pas fait nécessairement œuvre d'art originale, parce qu'on aura, laissant la figure du sujet dans l'ombre, pour cause de laideur ou d'ignorance de la retouche, lancé dans ses jambes ou dans son dos un rayon de lanterne à projection ; et on ne sera pas un artiste pour avoir crié anathème sur la couleur chocolat et le papier brillant au profit d'un pigment « artistique » étendu sur un torchon quelconque.

L'art a heureusement d'autres ressources. Le photographe peut tenter de rendre sans vulgarité de composition ou d'exécution, en faisant surtout toujours simple, et sans ériger en question d'art une question de pure technique, les gaucheries de l'enfance, les grâces délicates de la jeunesse, l'harmonie, la puissance d'une pose ou d'un mouvement féminin ou viril. Lorsqu'il aura trouvé le modèle réalisant plus ou moins parfaitement son idéal, et qu'il se sera résigné encore plus que le peintre, à déguiser par un artifice approprié de draperie ou de pose ce qu'il a encore de défectueux, il lui restera, comme au peintre, à vaincre les difficultés de l'éclairage et du choix des accessoires. Les premières sont d'un ordre particulier pour le photographe, et il n'y a pas à y insister, car on doit supposer que celui-ci connaît son métier et est déjà rompu à toutes les difficultés du portrait photographique. Quant aux secondes, elles sont les mêmes que pour le peintre. Si l'on supprime les accessoires, l'œuvre ne sera guère qu'une « étude » et une véritable maîtrise sera la seule raison qu'elle pourra avoir d'être soumise au public. Du moins c'est ainsi que l'on comprend une étude en peinture, et les compositions que certains photographes pictoriaux décorent de ce nom, avec une prétentieuse modestie, sont souvent de véritables tableaux d'une composition aussi compliquée que saugrenue, que l'on devrait plutôt désigner sous le nom de « travail », pour marquer à quel point l'auteur s'est mis la cervelle à l'envers, pour combiner son sujet. En réalité le choix judicieux de l'action représentée et des accessoires figurés, complètent l'impression que nous fait éprouver une belle œuvre.

L'interprétation des sujets de plein air ou d'intérieur comprend toutes ces difficultés. Les premiers présentent de plus de nombreuses restrictions de pratique, et la plupart de ceux qui ont osé les aborder, se sont d'autant plus lourdement trompés comme art qu'ils ont voulu faire plus grand, ou bien n'ont produit que des vignettes d'illustrations. Les dimensions de leurs figures sont si petites, même dans le cas où elles constituent le sujet principal, qu'elles ne peuvent être discutées sérieusement. Les sujets d'intérieur n'ont été généralement jusqu'ici que des prétextes à reproduction de poses sans signification, vulgaires ou fantaisistes, enjolivées de bibelots accessoires sans rapport avec le sujet. Un modèle ayant senti le besoin d'ôter sa chemise ou d'en mettre une bien transparente, pour regarder quelque japonaiserie, ou pour s'étendre couronné de fleurs sur une fourrure des grands magasins, ne peut passer pour autre chose qu'un amusement de désœuvré, malgré les titres d'attente, rêverie, étude, dont il est agrémenté.

Finalement, on ne pourra éviter que, quelque corrects que soient la composition, l'éclairage, le dessin du sujet, il ne comporte fréquemment des retouches intelligentes et délicates, je dirai même sans hésitation, de véritables reprises. Ces retouches seront toutes autorisées, car le proverbe : qui veut la fin veut les moyens, est vrai en art comme en autre chose, et les discussions scolastiques sur les retouches permises ou

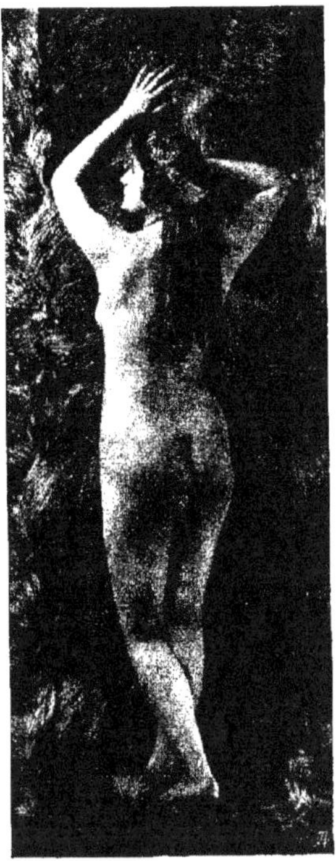

Comte Tyszkiewicz, Paris.

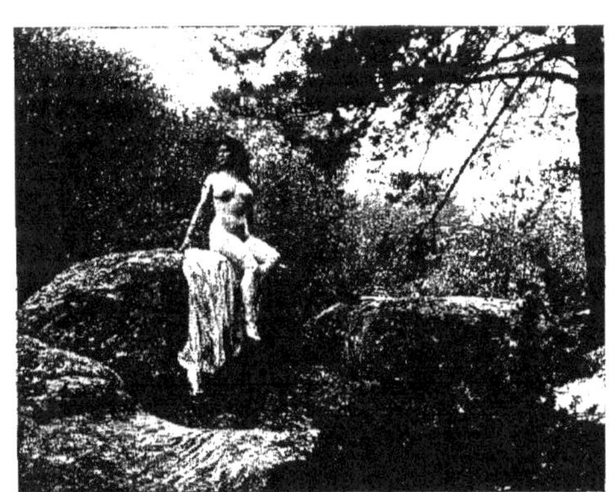

A. Lemoine, Paris.

" SOLITUDE "

défendues ne sont que paroles creuses, dès qu'il ne s'agit plus de photographie purement documentaire. Mais ces retouches ne seront que de vagues tripatouillages d'amateur, si l'artiste n'est presque pour ainsi dire en mesure d'exécuter lui-même en entier, l'œuvre projetée avec un crayon ou un pinceau, sans le secours de l'objectif.

Un rôle certainement plus utile de la photographie du nu, rôle qui pourra cependant donner une note d'art très élevée, sera de recueillir des matériaux d'étude, d'après des parties de modèles vivants vraiment belles au sens esthétique. Si ces reproductions sont l'œuvre d'habiles artistes, travaillant avec des objectifs et un éclairage convenable, elles seront supérieures à toutes les copies d'après l'antique qui encombrent les écoles de dessin, et qui sont aujourd'hui pour la pédagogie de l'art ce que les traités d'Aristote étaient pour la science du moyen âge. Elles joindront à une vérité absolue d'inappréciables qualités de dessin et de modelé. Malheureusement de pareils travaux seront d'apparence effacée, tout en étant difficiles, et ils ne se prêteront pas à de tapageuses exhibitions.

Moins réellement artistique sera le secours que la chronophothographie apportera à la connaissance des formes des muscles en mouvement et des attitudes elles-mêmes, c'est-à-dire du nu à l'état non plus statique, mais dynamique. Sans contester l'intérêt de ces matériaux, on peut se demander si après avoir justement ridiculisé les collections d'expressions de Monsieur Lebrun, peintre du roi, on n'est pas en train de refaire

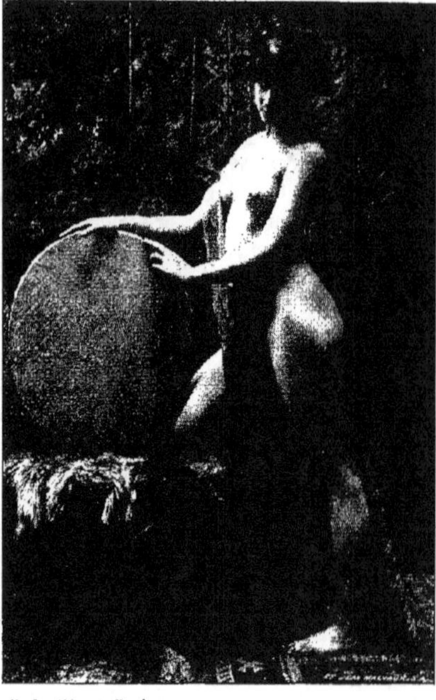

R. Le Bègue, Paris.

la même chose sous le couvert de l'objectif. Nous aurons ainsi, certifiés conformes à cette fameuse vérité physiologique, d'essence à peu près aussi absolue que la vérité philosophique, des séries de modèles de la marche, de la course, du saut, des mouvements et attitudes professionnels, etc., etc. L'artiste aura sans doute toute liberté de choisir dans ces iconographies d'orthopédiste, ce qui conviendra le mieux à son sentiment et à l'état qu'il suppose chez ceux qu'il veut représenter ; mais, pour un doué d'assez d'originalité, pour ne prendre là qu'un document général, combien de ceux qui avant le document photographique auraient pu devenir des individualités intéressantes, malgré des talents de second ordre, ne seront plus, grâce à ce pavé jeté à l'art par la sollicitude de la science, que de simples copistes de photographies.

Ce ne seront pas leurs œuvres qui auront le moins de succès auprès du public car, les jugeant d'après ses sentiments, ce dernier les trouvera d'autant plus admirables et plus vraies, qu'elles seront plus banales, et qu'elles auront davantage pour le véritable artiste, le défaut de manquer de maladresse.

(Amélie-les-Bains, Janvier 1902).   GABRIELY.

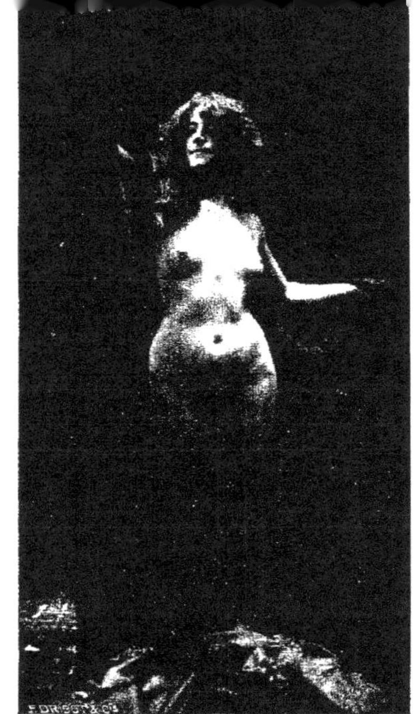

« MORTE »

Comte C. de Clugny.
Paris.

Ch. L. Braillard. Paris.

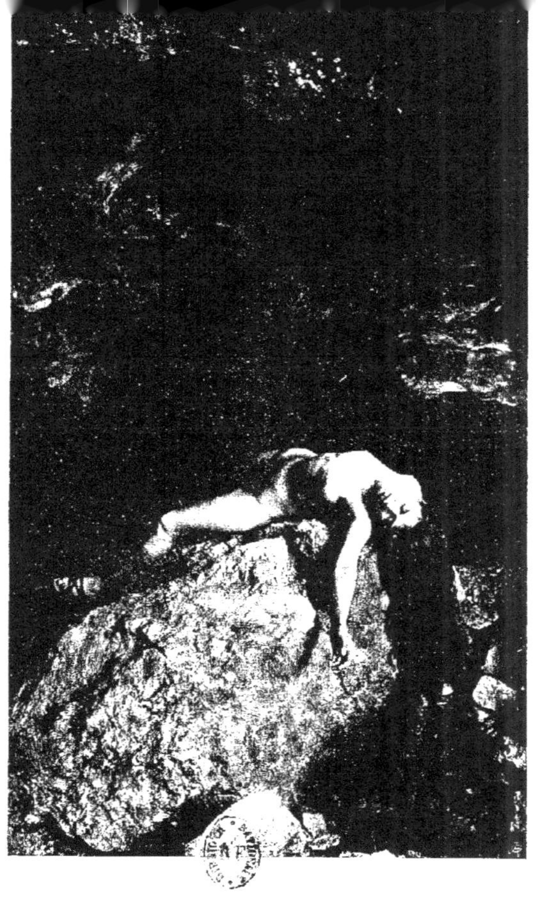

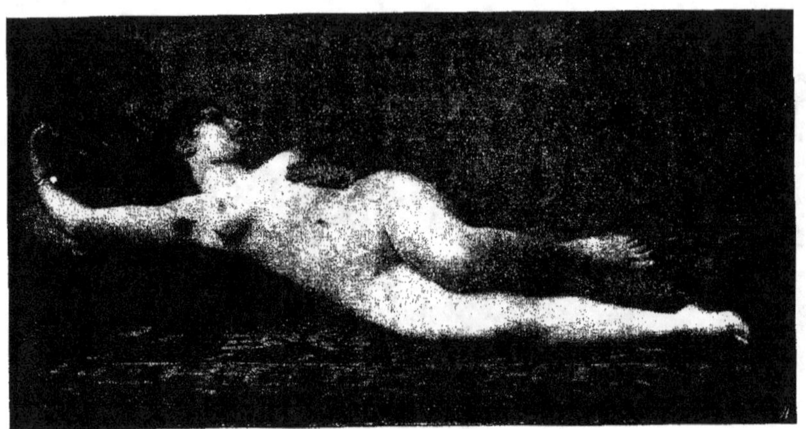

Otto Schmidt, Vienne.

" BAYADÈRE "

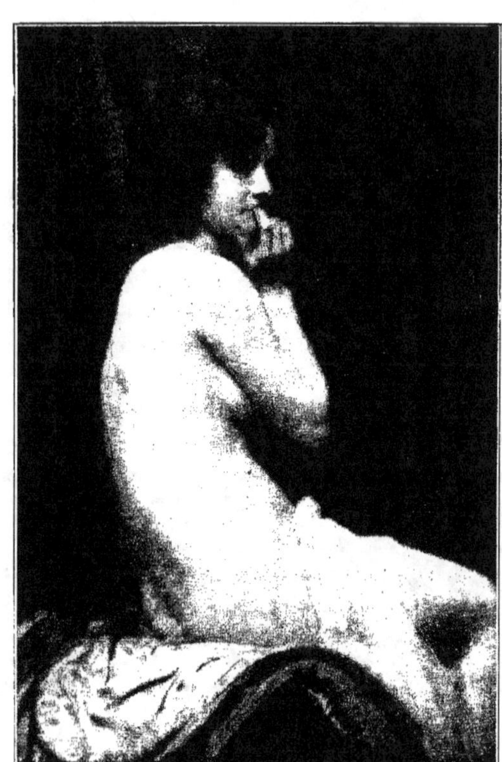

Hugo Erfurth, phot.,

Dresde.

LA PHOTOGRAPHIE DU NU

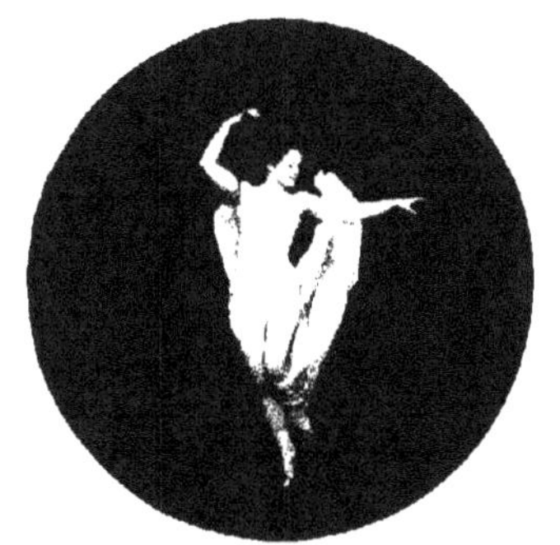

A. Lemoine, Paris.

« O dernière fortune promise à nos vœux inquiets, toi qui nous consoles des autres vœux perdus, **image de la Femme nue,** où se complaît l'adoration de nos regards fidèles, divinité vivante sous le pinceau du peintre et le ciseau du sculpteur, qui de ton rayonnement lointain réchauffe encore l'âme du vieux monde ! »

ARMAND SILVESTRE.

C'est une ébauche que nous offrons au public. Nous avons voulu nous renfermer dans les bornes d'un essai, en éloignant des développements qui auraient rendu, peut-être plus complet, le traitement de cette question relativement nouvelle. Nous espérons que nos lecteurs feront un bienveillant accueil à cette tentative. Si nous sommes devancés dans cette voie par de plus habiles, il nous restera la satisfaction d'avoir été un des premiers à défendre " **La Photographie du Nu** " et à démontrer par la plume et par des exemples, que cette branche des applications de la chambre noire est digne au plus haut degré de l'attention du public intelligent.

Dans les chapitres précédents, la question de l'opportunité des études du nu en photographie, a été traitée d'une façon très complète, par MM. GLEESON WHITE, WILL, A. CADBY, le Prof. GUSTAV FRITSCH et GABRIELY, nous ne reviendrons pas sur les sujets divers, qu'ils ont traités avec une grande habileté.

Un certain nombre de photographes, à la recherche de sujets intéressants, ont été attirés comme les peintres, par les représentations du nu chez les femmes, les hommes et les enfants, mais les résultats qu'ils ont obtenus avec la chambre noire, n'ont pas toujours donné une idée bien juste et bien intéressante des sujets qu'ils voulaient reproduire. C'est que parmi les aspects qui pouvaient les caractériser, ils n'ont pas su choisir ceux qui sont du ressort de la photographie. Éblouis, fascinés par la richesse des couleurs de ces modèles, par l'éclat des draperies, effets le plus souvent intraduisibles par les moyens photographiques, ils ont négligé ceux qui tirent leur caractère principal des formes et du clair obscur, qui seuls sont à leur portée.

Quand il observe ses modèles dans les compositions de nu, le photographe doit penser qu'il n'est pas un peintre, qu'il est forcé, hélas! d'exclure de ce qu'il veut reproduire tout ce qui touche à la couleur.

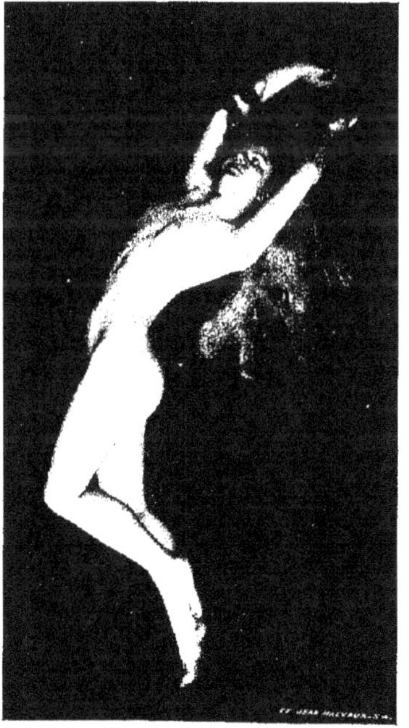

Comte C. de Chagny, Paris.

" DANS LES AIRS "

Il doit d'abord se demander si le spectacle qu'il observe, dépouillé des couleurs charmantes qu'il voit sur le verre dépoli de sa chambre noire, conservera l'épreuve achevée, la sensation qui l'a frappé.

41 "

Il faut que le photographe fasse abstraction, sans effort, de toute coloration dans les scènes qui s'offrent à lui et qu'il perçoive la nature comme un simple dessin.

Le photographe peut néanmoins, dans certaines limites, réunir les éléments de ce qu'il veut représenter. Il peut en effet choisir ses modèles, les grouper, leur faire prendre des attitudes et des gestes, combiner les différents effets de lumière d'ombre et de distance, composer enfin réellement la scène qu'il veut reproduire dans des endroits appropriés. Mais tandis que le peintre, par une sorte d'évocation, choisit à son gré dans la nature, rassemble les objets les plus divers, qu'il les dispose ou qu'il les groupe, ou bien qu'il les modifie dans quelques-unes de leurs parties ou dans leur ensemble, le photographe ne saurait se passer de la présence des objets qu'il veut reproduire. Il faut qu'il constitue la réalité même, avant de songer à la représenter, mais la plupart du temps les éléments dont la réunion lui paraîtrait la plus convenable à traduire son sentiment, ne sauraient être rassemblés ou tout au moins très difficilement. En outre, il ne peut apporter aux objets qu'il a choisis aucun changement considérable, il ne peut leur faire subir que des modifications superficielles qui ne sauraient en changer complètement le caractère.

Il faut donc qu'il trouve dans la réalité même tous ces éléments réunis. Voilà l'immense difficulté, surtout dans les représentations du nu. Le photographe se trouve donc placé dans des conditions très rigoureuses en face de la nature vivante, parce qu'il est lié à cette réalité.

Dans la composition d'une scène de nu, il ne peut pas toujours se débarrasser de ce qui le gêne, et dans l'exécution il est condamné, hélas ! à la stricte imitation. La fidélité implacable de ses instruments d'optique traduit tout. C'est en vain que, par le choix d'une distance plus courte qui augmente la distance des plans, ou que par des procédés particuliers de mise au foyer, il cherchera à concentrer toute l'exactitude de la reproduction sur la partie dominante de l'image. Le flou excessif qu'il obtiendra par ces moyens dans les autres parties, grossira les formes et produira, dans bien des cas, un manque de justesse de perspective qui rendra l'ensemble du tableau peu agréable. Il faut donc qu'il en prenne son parti, quoi qu'il fasse, il ne peut s'affranchir de l'imitation absolument exacte. Tout son art consiste à choisir les scènes que lui offre la réalité, à savoir apporter à ces spectacles les modifications que lui permet la nature des sujets et des modèles à représenter.

Assurément, la représentation du corps humain est le but le plus intéressant et le plus élevé des arts d'imitation, lorsqu'ils atteignent à la fois la

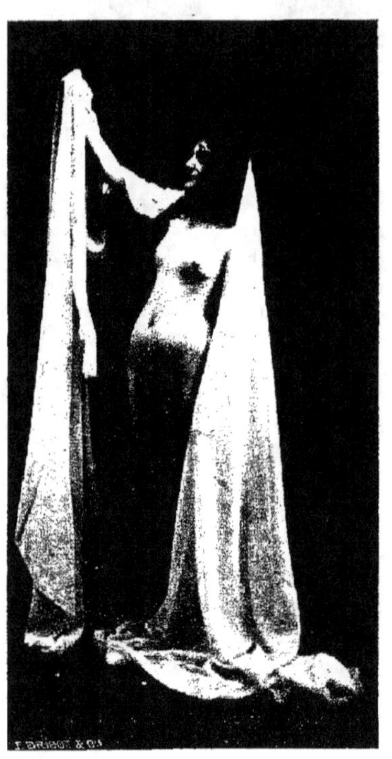

Ch. L. Braillard, Paris.

beauté plastique et la beauté morale, c'est ce but que les photographes-artistes doivent s'efforcer d'atteindre. Qui n'a été frappé du style et de la noblesse des œuvres de Raphaël, de la majesté des grandes fresques de Michel Ange ? Quel homme a jamais senti s'éveiller en lui des idées obscènes à la vue des statues antiques, si vraies et si humaines pourtant ? C'est que dans ces représentations, suprêmes efforts de l'art, la réalité est sanctifiée et, pour ainsi dire, consacrée par la beauté. L'impression profonde qu'elle produit a envahi l'âme tout entière, elle y règne en souveraine et n'y saurait laisser pénétrer des idées d'un ordre très inférieur et complètement opposées.

Pour le véritable artiste, la vue d'un modèle femme posant dans l'atelier ou en plein air, est tout à fait dépourvue de toute impression sensuelle. Celui-ci comprend qu'il a affaire à un artiste et pas du tout à un homme. Plus la beauté du modèle est grande, plus l'admiration de l'artiste annihile en lui ce qui pourrait être en dehors du sujet qu'il veut représenter.

C'est surtout lorsqu'il s'agit de traiter des scènes de nu en plein air, où les personnages interviennent soit au repos, soit en action, que le photographe doit avoir une idée très nette des effets et des ressources de son art. La photographie n'est pas la peinture, nous l'avons déjà dit, et son erreur serait grande s'il cherchait à suivre le peintre dans le choix et la composition de ses sujets. Dans l'impression produite par la nature animée, la couleur a souvent une très grande part, le charme qui en résulte compense souvent la laideur des types et l'incohérence des formes ; elle constitue, même seule, quelquefois tout l'intérêt du tableau et toute sa beauté.

Depuis quelques années, des tentatives de photographies de nu ont été faites en dehors de toute connaissance des règles du beau ; elles n'ont abouti qu'à des productions sans valeur et même quelquefois répulsives ; elles ont excité la réprobation des gens de goût. Certaines publications, *exclusivement illustrées par la photographie d'après nature*, étalent avec une désespérante vérité toutes les laideurs physiques et morales de modèles improvisés. L'instrument infaillible ne peut prendre le change, sa traduction fidèle nous fait voir un entassement de personnages incohérents, se livrant à une révoltante mascarade, que la maladresse et la stupidité de l'opérateur rendent plus odieuse encore ! La partie éclairée du public fait bon marché de semblables monstruosités.

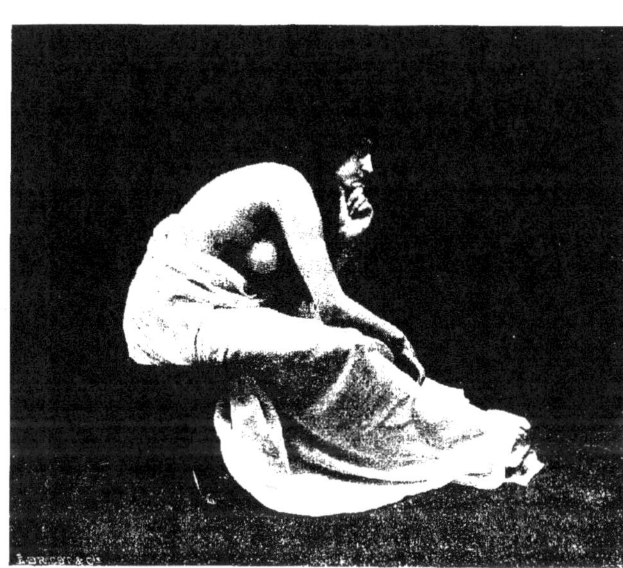

Ch. L. Braillard, Paris.

Nous savons que pour l'agencement définitif d'une figure unique, il est indispensable de faire appel au sentiment intérieur, qui seul peut donner au modèle l'attitude, la physionomie et le geste naturels. C'est de la connaissance des lois de son art que le photographe artiste obtient les combinaisons de clair obscur, les contrastes des formes ou des mouvements, et tous les autres moyens d'expression. Mais toute son habileté disparaîtra, si au moment de l'exécution il ne parvient pas à réveiller dans ses modèles le sentiment de la situation et du sujet, en vue desquels il s'est livré à tant de calculs. C'est à cette condition seulement que la pose s'assouplira, que le geste deviendra net, la physionomie expressive, et qu'enfin — ceci est d'une suprême importance — l'ensemble de la figure prendra cette unité et cette harmonie naturelles qui seules expriment la vie.

Mais comment le photographe s'y prendra-t-il, pour donner à ses modèles le sentiment de la scène qu'il veut représenter ? Où trouvera-t-il des acteurs intelligents et sensibles, pouvant s'identifier à leur rôle, pour atteindre la justesse de l'expression et du geste dans une action commandée et étrangère à leurs propres passions ? Il est certain que l'image photographique traduira toutes ces nuances, avec une exactitude absolue et laissera lire sur le personnage tout entier l'indécision de ses pensées.

Nous répondrons que le véritable artiste trouvera toujours le moyen de persuader son modèle, et de l'amener à se placer dans les conditions exigées, et qu'enfin rien ne l'oblige à reproduire un sujet qui ne lui donne pas complète satisfaction.

Si l'artiste n'est pas maître absolu de son modèle, s'il ne le possède pas, c'est qu'il manque de la théorie ou de la pratique de son art. C'est à lui à suggérer au moment voulu les idées qui doivent lui donner l'expression qu'il a observée et choisie.

Il résulte de ce que nous venons de dire, qu'il est très difficile d'obtenir des représentations pictoriales de nu, et que l'art de les produire en photographie, ne peut s'acquérir que par une observation constante de la nature vivante et par des travaux longs et patients. Ces études ne seront vraiment fécondes que pour l'artiste naturellement doué du sentiment de la beauté. La connaissance des lois de l'art développera en lui ce sentiment, lui indiquera les sujets auxquels il faut les appliquer, elle l'empêchera de s'égarer, mais à coup sûr elle ne saurait en tenir lieu.

Dans la variété infinie des scènes qui s'offrent aux yeux de l'artiste, il choisira de préférence les plus simples, celles qui, se renouvelant souvent avec les mêmes traits, peuvent être plus facilement étudiées et reproduites sous leur meilleur aspect.

On comprendra que le but du photographe artiste n'est pas seulement la reproduction de la nature prise au hasard ; le choix le plus délicat doit présider à ses opérations, et ce choix doit être déterminé par les idées et le tempérament de chacun.

C'est pour ces raisons, qu'on retrouvera toujours, dans les œuvres que nous présentons dans cet ouvrage, ces caractères particuliers qui révèlent la personnalité de l'artiste ; elles portent toutes un cachet qui les fait reconnaître, même sans qu'elles soient signées.

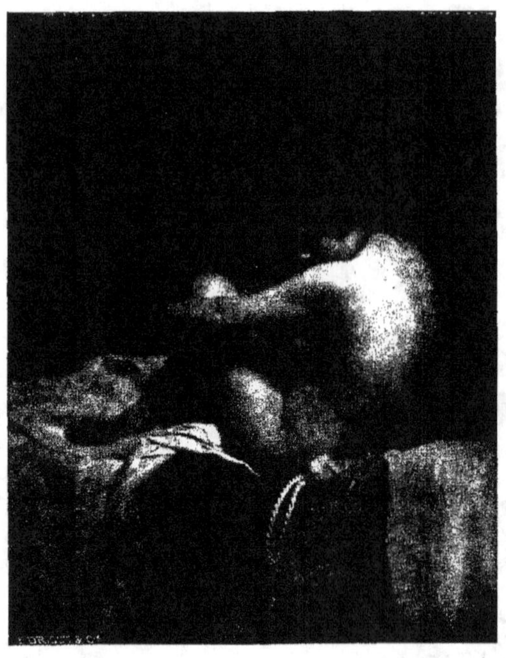

Frédéric Colburn Clarke, phot., New-York. U. S. A.

Nous pourrions aussi suivre pas à pas le photographe artiste dans le choix du style propre aux différents sujets de nu qu'il voudra aborder, mais cette question réclamerait des développements qui sortiraient du cadre que nous nous sommes tracé. Nous rappelons que c'est un essai que nous avons entrepris. Le lecteur suppléera du reste à ces développements, s'il veut se placer en face de la nature au même point de vue que nous. L'observation lui montrera bientôt les rapports qui lient l'impression du spectateur aux diverses modifications d'une scène, il en pourra déduire tout un ensemble de règles qui le dirigeront d'une manière sûre dans la pratique de son art.

Nous en avons assez dit, mes excellents collaborateurs et moi, pour indiquer la voie à ceux qui veulent entreprendre les études si intéressantes du " **Nu en Photographie** ".

C. KLARY.

44

" PORTEUSE DE VASE "

Curle E. Semon,
        Cleveland. U. S. A.

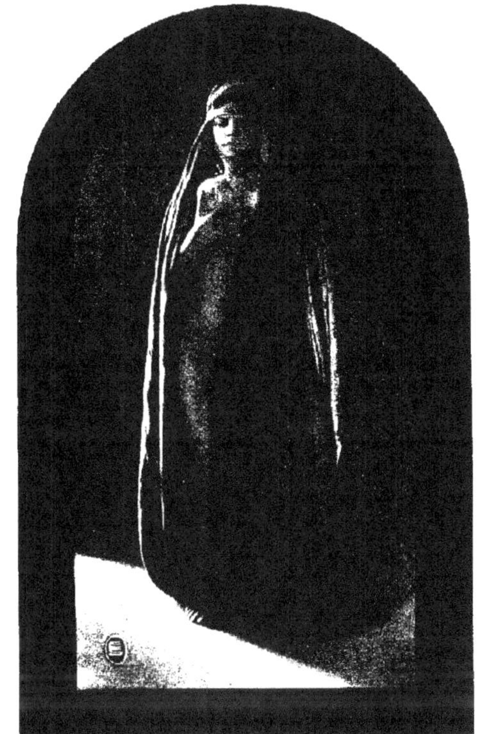

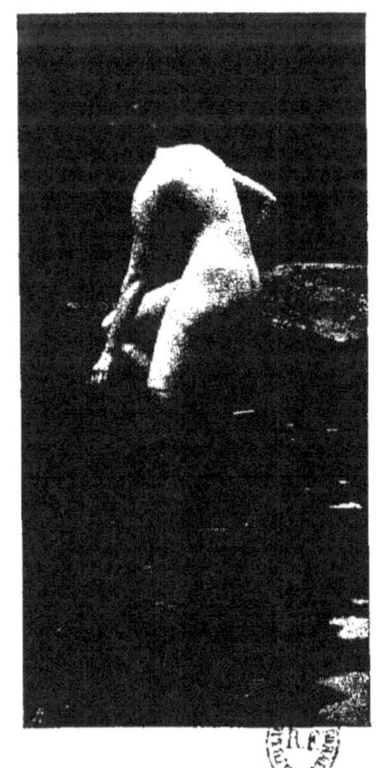

Charles I. Berg,

        New-York. U. S. A

45

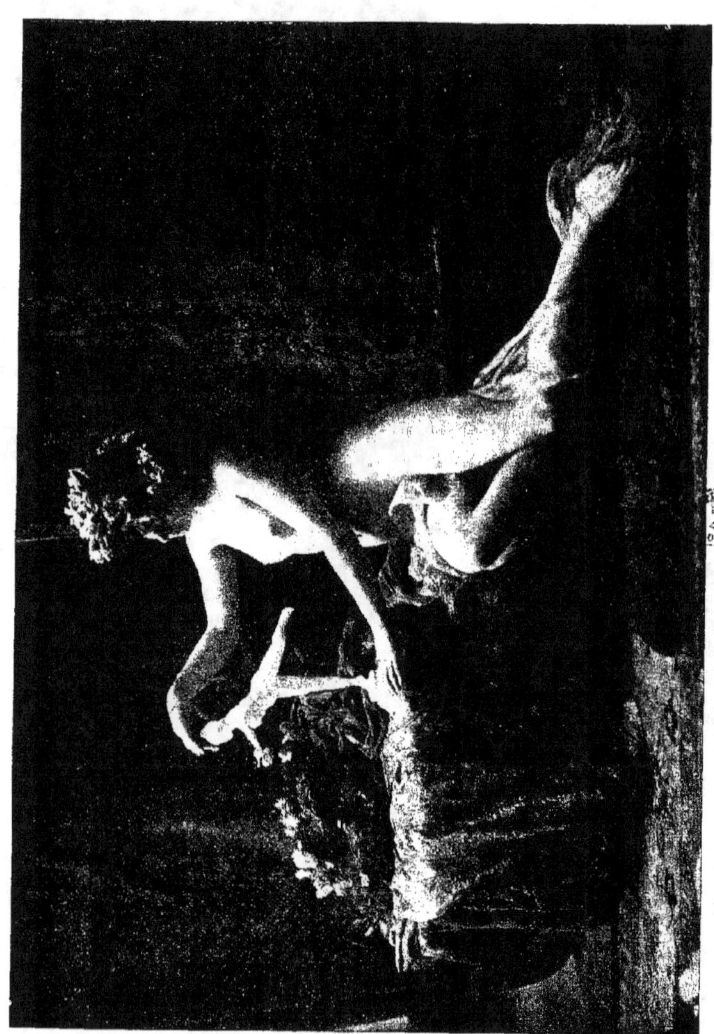

R. Le Bègue.

"LA STATUETTE"

46

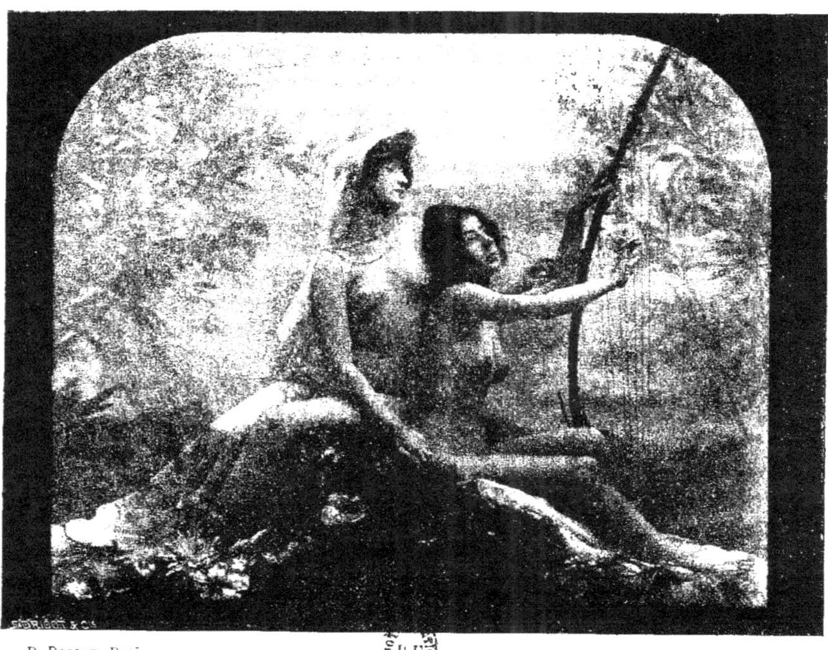

P. Bergon, Paris.

"PANNEAU DÉCORATIF"

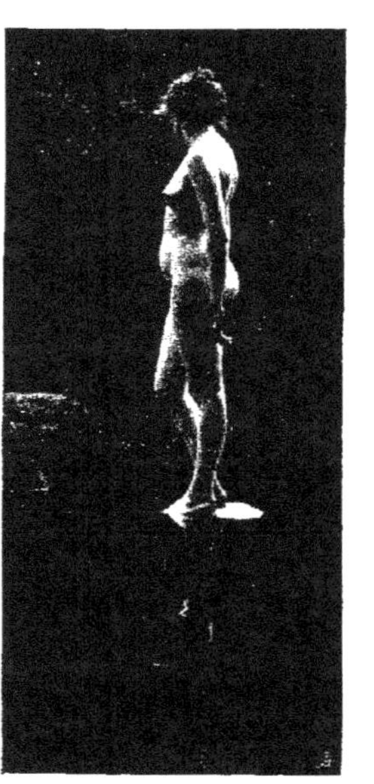

Charles I. Berg,
New-York. U. S. A.

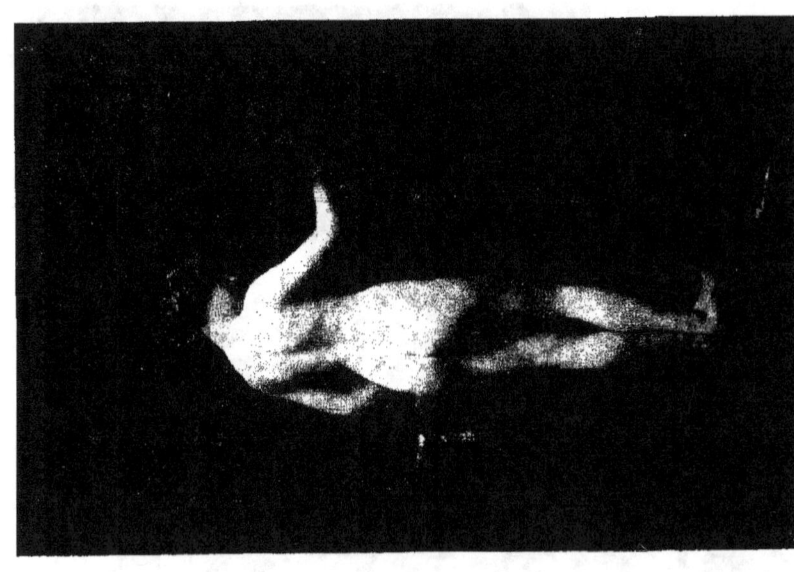

V. Berger et Gilles, phot., Levallois-Paris

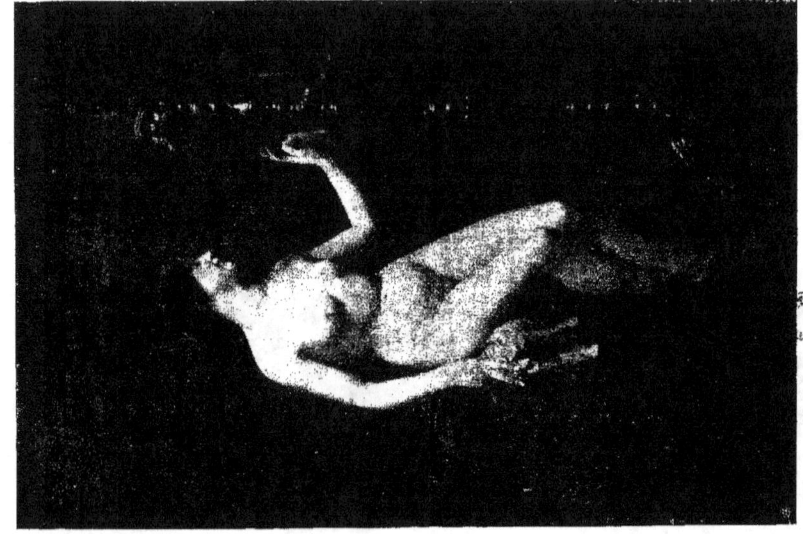

V. Berger et Gilles, phot., Levallois-Paris

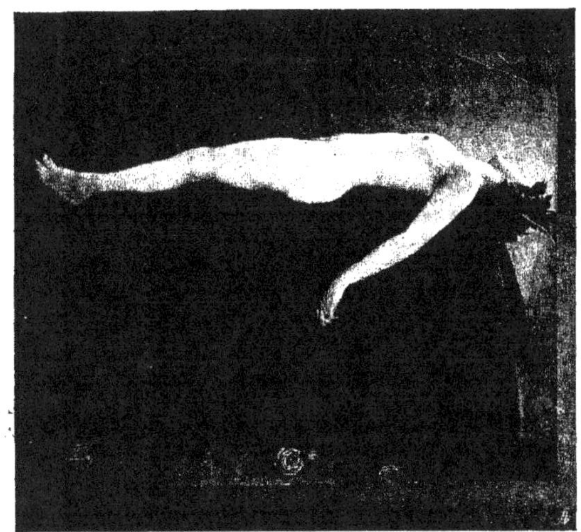

" FINIS "

Carle E. Semon, Cleveland, U. S. A.

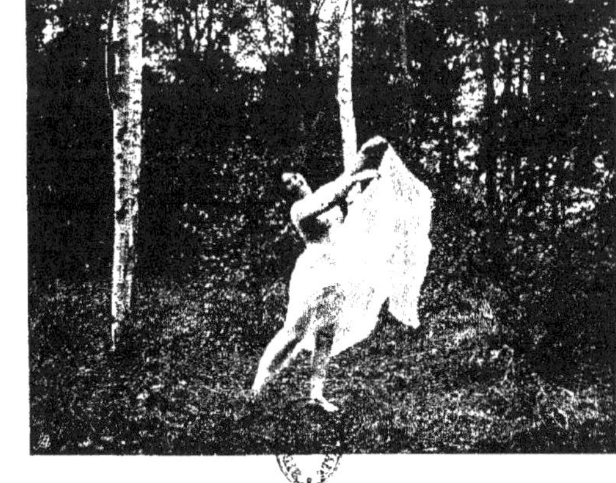

" DANSEUSE "

A. Lemoine, Paris.

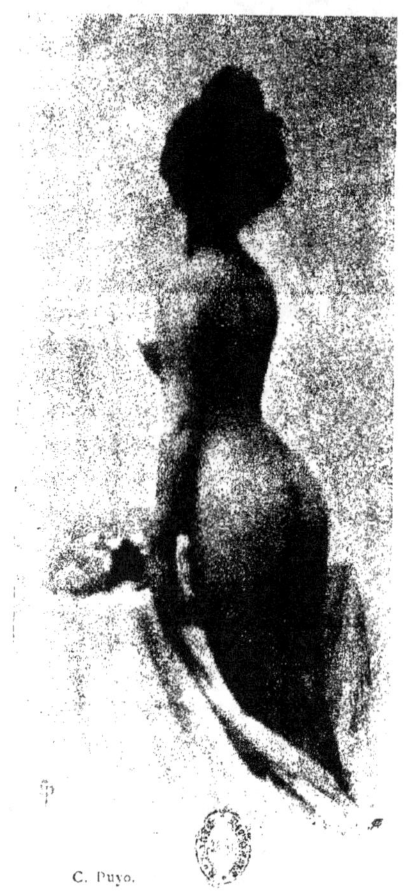

C. Puyo.

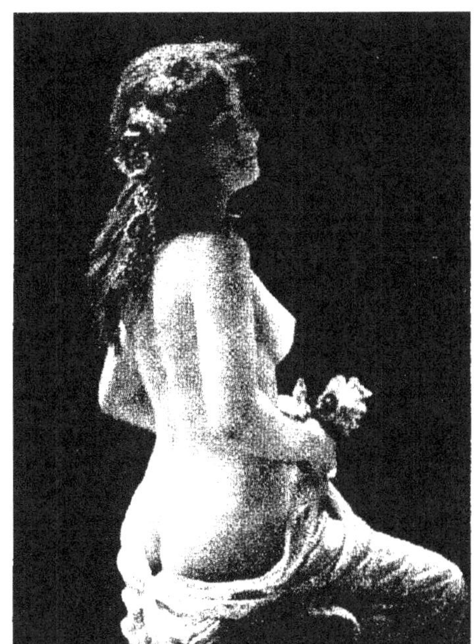

P. Bergon, Paris.

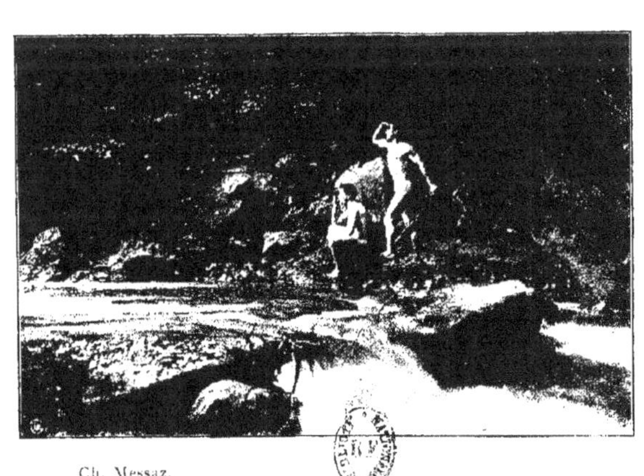

Ch. Messaz,
Lausanne.

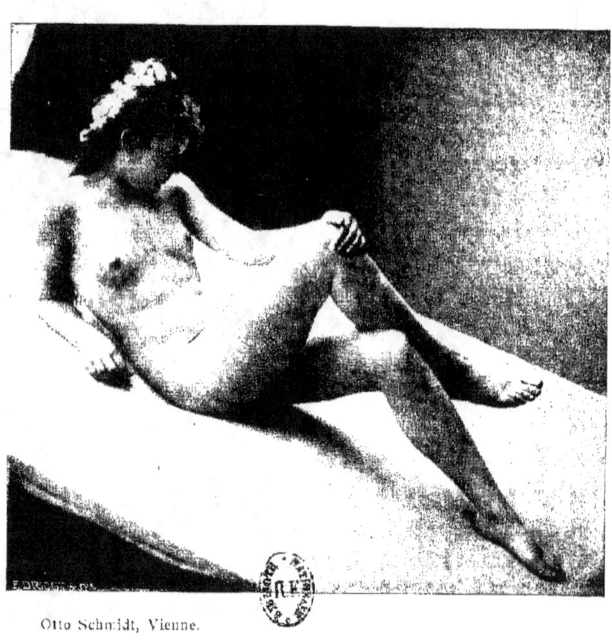

Otto Schmidt, Vienne.

C. Keith
Humphrys.

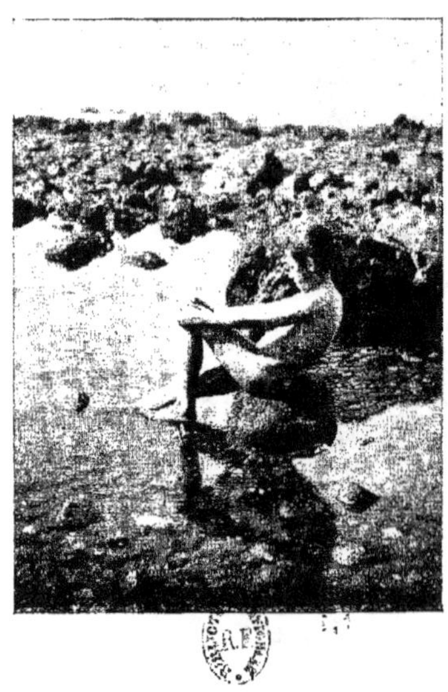

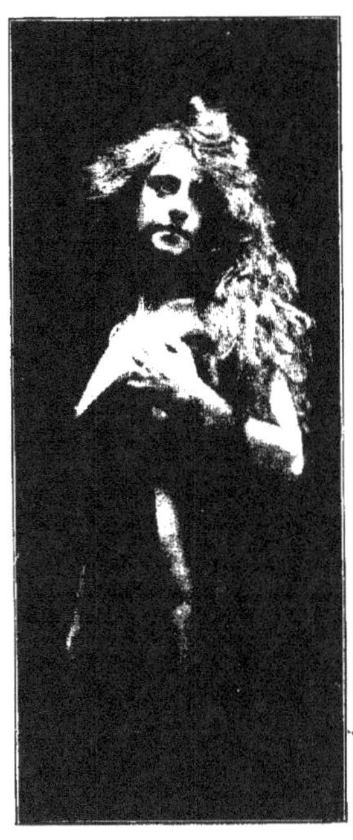

Ch. L. Braillard,
Paris.

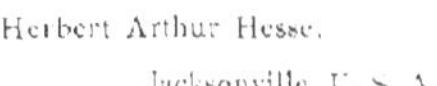
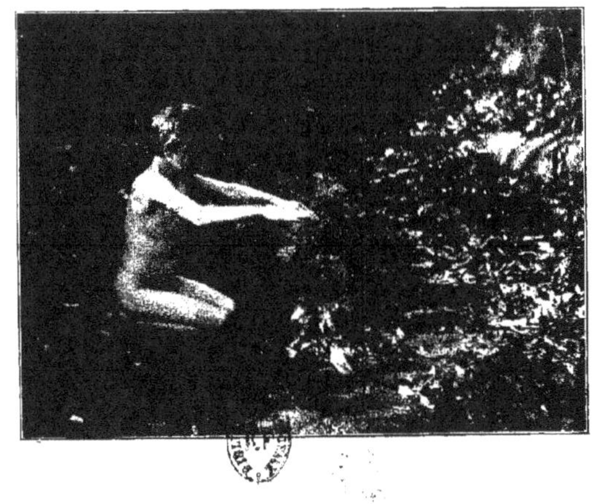

Herbert Arthur Hesse,
Jacksonville, U. S. A.

TABLE DES MATIÈRES

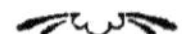

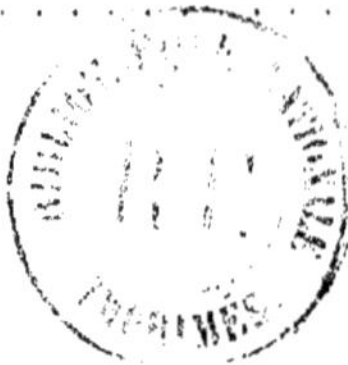

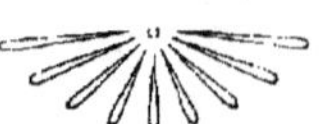

TABLE DES ILLUSTRATIONS

LES PHOTOTYPOGRAVURES

CONTENUES DANS CET OUVRAGE

ONT ÉTÉ EXÉCUTÉES PAR LES ÉTABLISSEMENTS :

C. ANGERER & GOESCHL, A VIENNE

F. DRICOT & CIE, A BRUXELLES

HUSNIK & HAUSLER, A PRAGUE

J. MALVAUX, A BRUXELLES

MEISENBACH, RIFFARTH & CIE, A MUNICH

SOCIÉTÉ LYONNAISE DE PHOTOCHROMOGRAVURE, A LYON

L'IMPRESSION DU TEXTE

& DES PHOTOTYPOGRAVURES

PAR ROYER & CIE, A NANCY

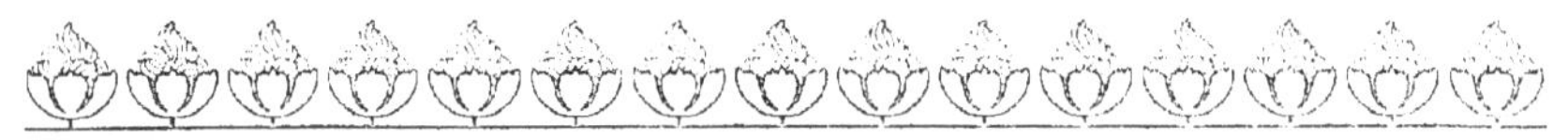

Manufacture d'Appareils de Précision

Exposition Universelle
1900

GRAND PRIX

Section
de Photographie

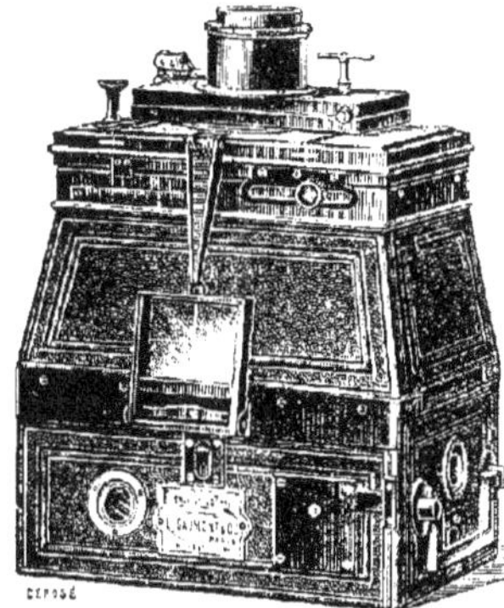

Spidos Gaumont

A DOUBLE DÉCENTREMENT
ET VISÉE SIMPLIFIÉE

Ne nécessitant ni calcul ni repérage

Formats $6\frac{1}{2} \times 9$, 8×9, 9×14

OBJECTIFS Zeiss-Iéna, Zeiss-Krauss, Goerz, Suter, Hermagis.

MAGASINS à plaques ou à pellicules en bobines.

OBTURATEUR DU CONGRÈS, brevets Decaux, à pose et instantanée, au doigt et à la poire.

OBTURATEUR DE PLAQUE pour prise de sujets à grande vitesse, courses d'automobiles, etc.

TÉLÉ-OBJECTIF pour prise de sujets à longue distance.

PHOTOGRAPHIE DES COULEURS par le procédé trichrome.

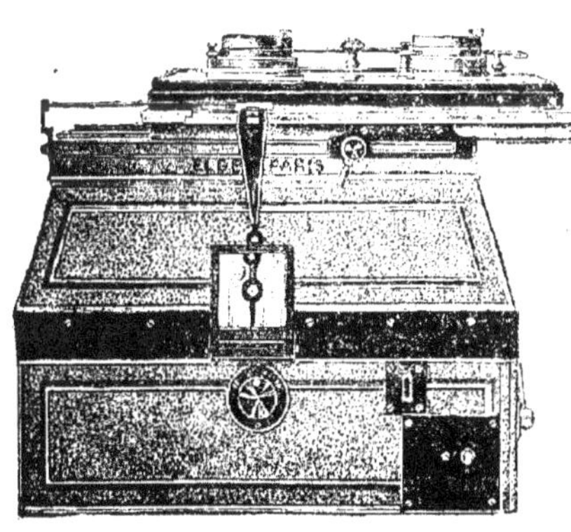

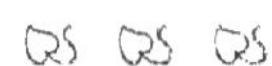

STÉRÉOSPIDOS

PANORAMATIQUES

GAUMONT

formats 6×13 et 8×16

à décentrement et dispositif automatique

(Brevets DMR et FLGE)

permettant de prendre instantanément sans aucun démontage de l'appareil soit des vues stéréoscopiques, soit des vues oblongues.

Envoi franco sur demande des Notices détaillées.

L. GAUMONT & Cie, Ingénieurs-Constructeurs

57 et 59, Rue Saint-Roch (au coin de l'Avenue de l'Opéra), PARIS (Ier).

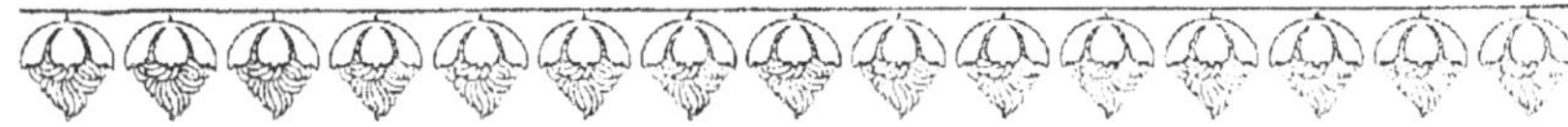

Papiers Esthétiques

POUR LE MONTAGE ET LA PRÉSENTATION

des Photographies 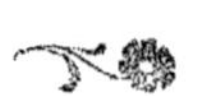

à 2

(EN NUANCES DIFFÉRENTES)

* * *

Beaucoup de Photographes et d'Amateurs désirent les spécimens de ces Papiers spéciaux. [...] nous les enverrons un Carnet d'Echantillons numérotés, contenant [...] Chacun de ces carnets est envoyé par la poste, à la condition de le renvoyer [...] *en ayant soin de ne pas déchirer ou enlever des feuilles* [...]

* * *

[...] les gens qui s'occupent combien les [...] exigeantes en bricolage le montage [...]

[...] de papiers qui se prêtent à être [...] de la tour les signaler.

* * *

[...] (ou bordures fausses si cela est désiré).

[...] MONTAIES chaque feuille

[...]

[...]

[...] groupes de photographies, [...] et celles produisent [...]

G. KLARY
rue [...] PARIS

PLUS
PL[...]
P[...]

ADRESSE

Breveté en France & à l'Étranger

Pour le montage à sec des [...] emploie [...]

PRINCIPALES [...]

1° Aucune déformation [...] exactes du sujet;

2° Aucun [...]
même sur des [...]

3° [...]
à l'abri de tout [...]
support absolument lisse [...]

Le Mystère de Kama

ROMAN MAGIQUE

par Jane de la Vaudère

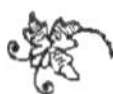

(Trente-Deuxième Édition)

PHOTO-TYPOGRAPHIE
ET
TYPE DE 3 COULEURS
ÉTABLISSEMENTS
CATENEAUX
EXPOSITION DE PARIS 1900
2 Médailles d'OR

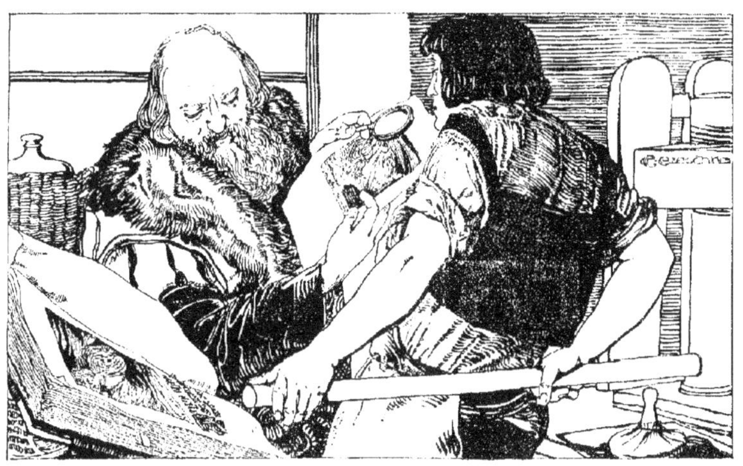

C. ANGERER & GOESCHL

VIENNE XVI/1
Autriche

PHOTOGRAVURE en NOIR et en COULEURS

Fabrication de Papiers à dessiner

Papiers brevetés à grain et à gratter. Crayons, etc.

SPÉCIMENS et Prix sur demande

GRAND PRIX Exposition Universelle de 1900

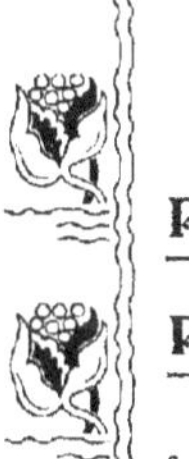

ENGEL-FEITKNECHT & Cie A BIENNE (Suisse)

Maison fondée en 1874 EXPORTATION

★ Matériel Photographique

Papier à la Celloïdine

la plus ancienne et la meilleure Marque, universellement connue et appréciée

PROTALBIN, Papier à l'Albumine végétale.

Échantillons gratuits et Instructions sur demande

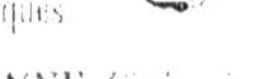

Ces deux papiers sont en vente dans toutes les Maisons de Fournitures Photographiques

ENGEL-FEITKNECHT & Cie, à BIENNE (Suisse)

PHOTOS

Études académiques des deux sexes d'après nature. Collection unique, nouvelle, originale. 100 échantillons et 2 cartes 5 francs (Timbres ou bons français) avec catalogue illustré.

N. B. Collection approuvée par de nombreuses attestations d'artistes les plus en renom.

Études de Femmes, Hommes et Enfants.

S. RECKNAGEL NACHF, Éditeur à MUNICH I, (Bavière).

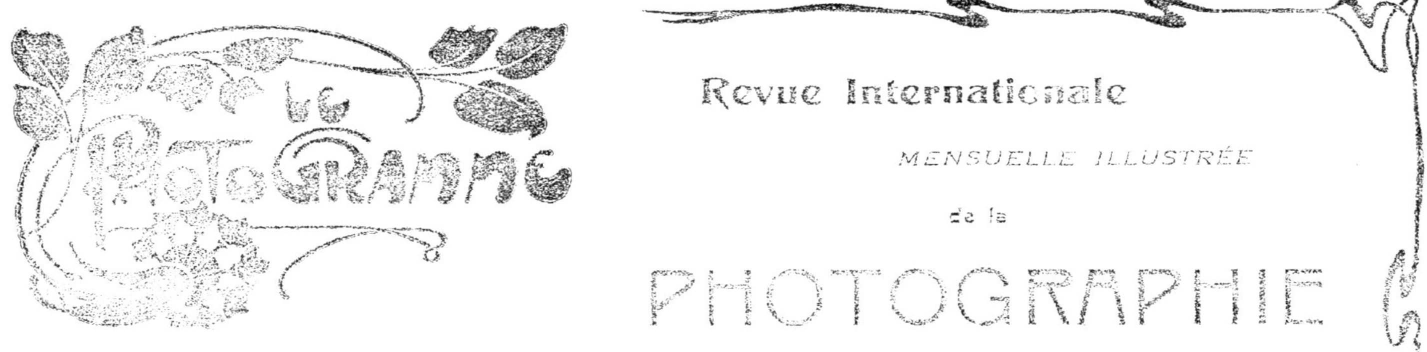

Revue Internationale

MENSUELLE ILLUSTRÉE

de la

PHOTOGRAPHIE

et des Arts Graphiques

Éditeur et Rédacteur en Chef : C. KLARY

ÉCOLE PRATIQUE DE PHOTOGRAPHIE

13, Rue Taitbout Rez-De-Chaussée

PARIS

Prix de l'Abonnement :

PARIS & DÉPARTEMENTS, 10 fr.
ÉTRANGER . . . . 12 fr.

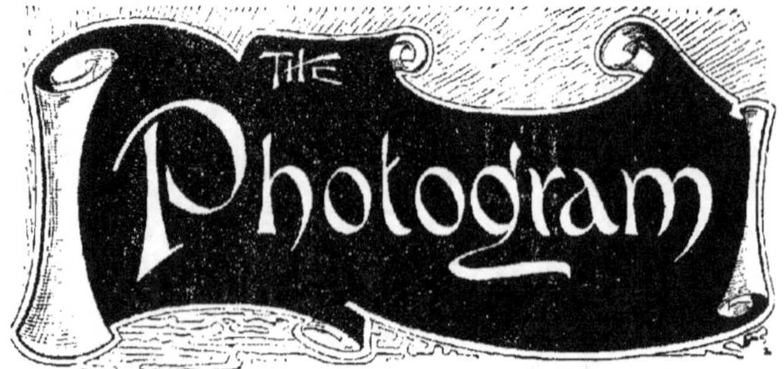

Les Bureaux d'édition et d'annonces de :

"The Photogram"
et "The Process Photogram"

Sont transférés : Effingham House, Arundel Street, Strand

LONDON w. c.

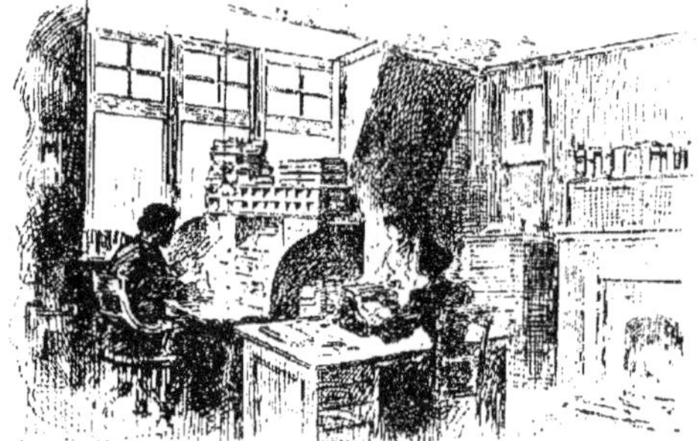

"The Photogram" est l'organe par excellence des souscripteurs aux annonces pour la Grande-Bretagne et ses colonies.

Le tarif des annonces est envoyé sur demande.

Envoi franco des Catalogues de "The Photogram", des différents ouvrages édités, et des prospectus des concours. — **1.250 francs de prix.**

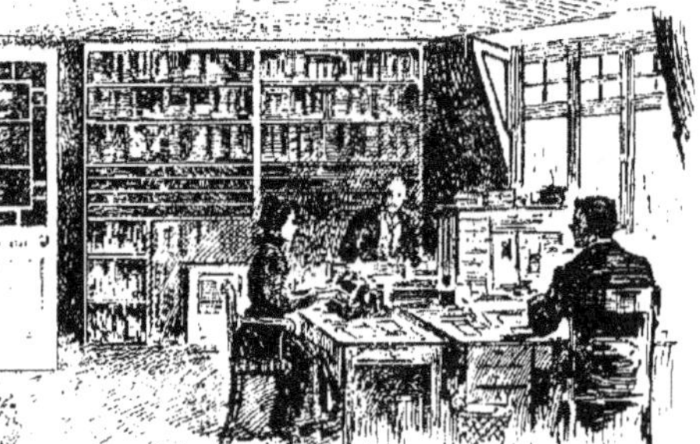

"The Photogram"

Paraît tous les mois

★

Prix de l'Abonnement

Un an : 6 fr. 25

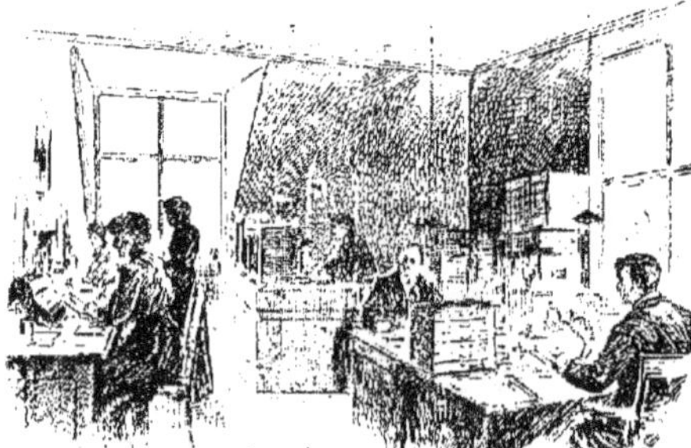

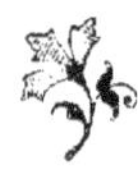

"THE PHOTOGRAM"

Est un Journal de Photographie très répandu.

Il renferme toujours d'excellents avis et des communications intéressantes pour toutes les personnes qui pratiquent la Photographie; comme passe-temps, comme affaires ou comme artistes.

C'est un guide simple et certain pour les commençants.

Les illustrations de "THE PHOTOGRAM" en font une véritable Revue Internationale s'adressant aux Photographes de tous les pays.

Au point de vue des annonces, "THE PHOTOGRAM" est sans rival dans la Grande-Bretagne.

On peut se procurer "**THE PHOTOGRAM**" *chez tous les libraires et marchands d'appareils et produits photographiques, ou directement chez les éditeurs :*

M.M. DAWBARN & WARD, Limited, n° 6
Farringdon Avenue LONDON. E. C.

Un numéro, prix : **30** centimes ; Franco, **50** centimes. — Prix de l'Abonnement pour une année, Franco, **6** fr. **25**.

J. M. CAÑELLAS, Photographe

MÉDAILLÉ A L'EXPOSITION UNIVERSELLE PARIS 1900

35, AVENUE WAGRAM (Hôtel privé), près la Place de l'Etoile, **PARIS**
MARQUE J. M. C.

4.000 Études de Modèles Vivants — *Exécution de Scènes ou Sujets pour Annonces. Cartes postales, etc., etc. sur commande.*

Grande Collection d'Études Académiques d'après Nature
Pour Artistes et Amateurs.

FORMATS CABINET, SALON, ETC., POUR STÉRÉOSCOPES

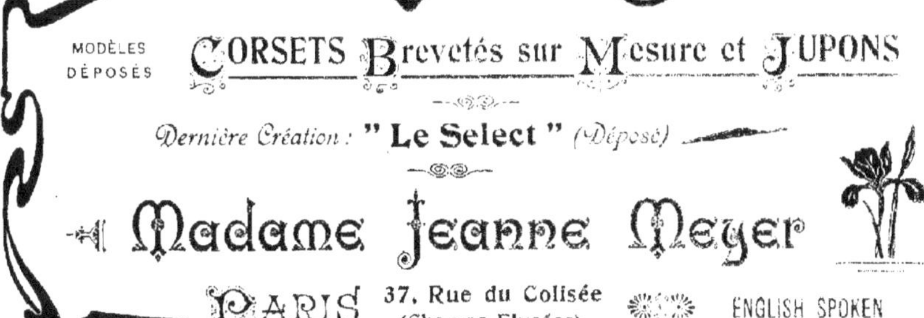

Spécialités

Photographiques

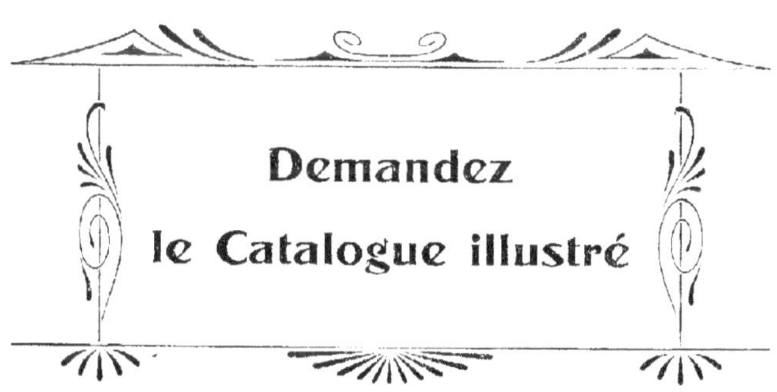

C. KLARY, 13, Rue Taitbout, PARIS
(Rez-de-Chaussée)

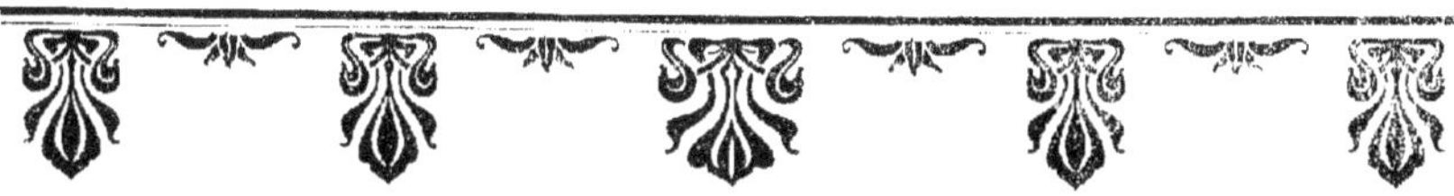

"Photographische" "KUNST"

Monatsblatt mit vielen Kunstbeilagen und Text-Illustrationen

Verantwortlicher Redakteur:

G. H. EMMERICH

Direcktor der Lehr

und Versuchsanstalt für Photographie zu München

Eigenthum und Verlag der Vereinigten

Druckerein und Kunstanstalten, vorm.

SCHÖN & MAISON,

IG. VELISCH. G. M. B. H.

MÜNCHEN (Bayern)

Schönfeldtstr. 13.

Mit dem Beiblatt:

Photographische Kunst, Wochenbeilage.

Preis pro Jahr Mk. 12.

TABLE DES ANNONCES

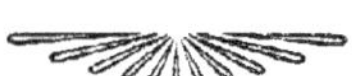

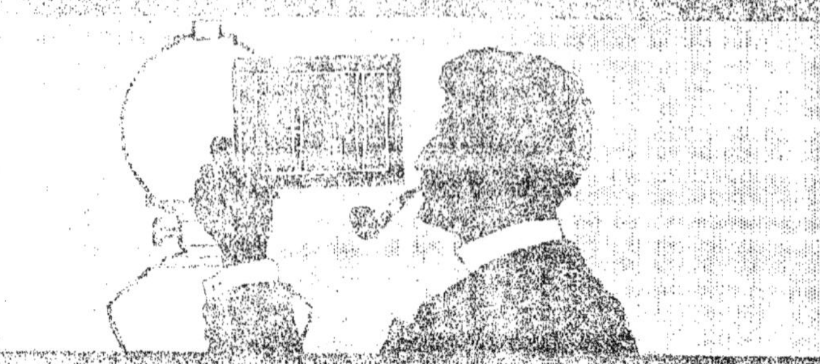